MINI-GUIDE DE
# LA TERRE

D0833274

**Conseiller scientifique :** Pr Derek M. Elsom
**Maquette :** Siân Williams, Ralph Pitchford
**Direction artistique :** Simon Webb
**Direction éditoriale :** Kate Phelps
**Édition :** Cynthia O'Brien
**Révision :** Lindsay McTeague
**Fabrication :** James Bann
**Recherche iconographique :** Zilda Tandy,
Antonella Mauro

**Adaptation française :** Marie-Line Hillairet,
avec le concours d'Isabelle Gutierrez
**Réalisation :** Philippe Brunet – PHB

ISBN : 2-87677-423-2
Dépôt légal : 1er trimestre 2001

Imprimé en Chine

# MINI-GUIDE DE
# LA TERRE

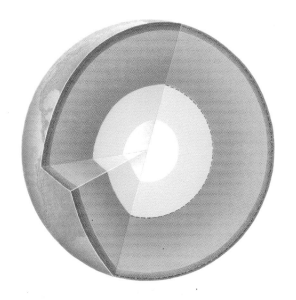

## John Malam

# Sommaire

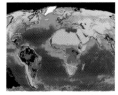

# La Terre

Dans les ténèbres de l'espace,
une petite planète scintille en bleu et blanc.
C'est la Terre, notre maison.

# La Terre
# dans l'espace

**La Terre est une petite planète gravitant avec d'autres autour d'une étoile appelée Soleil. Cet ensemble constitue une partie d'un corps céleste appelé galaxie. L'Univers comprend des milliards de galaxies.**

## Le système solaire et les planètes

Notre système solaire se compose du Soleil, de neuf planètes, de plus de 60 satellites (ou lunes), de plus de 5 000 astéroïdes et de nombreux objets célestes plus petits comme des comètes, des poussières et divers débris. Le Soleil est l'astre le plus gros ; les planètes et les autres objets célestes se déplacent autour de lui.

Mercure – diamètre : 4 979 km
distance du Soleil : 58 millions de km

Vénus – diamètre : 12 104 km
distance du Soleil : 108 millions de km

Terre – diamètre : 12 756 km
distance du Soleil : 150 millions de km

Mars – diamètre : 6 794 km
distance du Soleil : 228 millions de km

Jupiter – diamètre :
142 984 km
distance du Soleil :
778 millions de km

Saturne – diamètre :
120 536 km
distance du Soleil :
1 430 millions de km

### Le Soleil

C'est l'étoile la plus proche de la Terre. C'est une masse gazeuse d'hydrogène et d'hélium. Il fournit d'énormes quantités de chaleur et de lumière. La lumière du Soleil met 8 minutes pour atteindre la Terre.

**Âgé de 6 milliards d'années, le Soleil a atteint la moitié de sa vie.**

**La Voie lactée, une galaxie.**

**Groupes d'étoiles en galaxies.**

### Notre Soleil dans l'Univers

L'Univers représente tout ce qui existe, y compris l'espace entre les corps célestes. Dans l'espace se trouvent des groupes d'étoiles appelés galaxies. Notre Soleil est l'une de ces milliards d'étoiles composant la Voie lactée, une galaxie en forme de spirale.

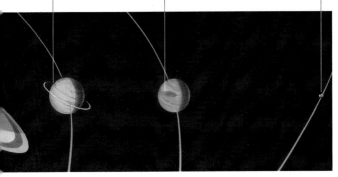

*Uranus – diamètre : 51 118 km*
*distance du Soleil : 2 870 millions de km*

*Pluton – diamètre : 2 274 km*
*distance du Soleil : 5 915 millions de km*

*Neptune – diamètre : 49 532 km*
*distance du Soleil : 4 500 millions de km*

# La formation de la Terre

**L'Univers est né d'une immense explosion appelée Big Bang (grand boum) survenue il y a 12 milliards d'années. L'Univers a commencé à s'étendre à partir d'un seul point et s'agrandit encore aujourd'hui.**

### L'âge de la Terre

La Terre est âgée de 4,6 milliards d'années. Au commencement, la Terre était un globe de roche en fusion. Peu à peu, la roche s'est refroidie en surface pour former une couche externe appelée croûte terrestre. Sous cette mince peau, les couches internes sont restées à l'état de roche et de métal liquides. Les gaz venus de l'intérieur de la Terre ont donné les nuages. La pluie tombée des nuages a formé les océans.

*(en millions d'années)*

2 : apparition des premiers êtres humains

2,5 : début des âges glaciaires

40 : formation de la chaîne de l'Himalaya

65 : extinction des dinosaures

110 : suprématie des dinosaures

200 : l'oxygène atteint son niveau actuel

4,5 : formation de la Terre et de la Lune

*(en milliards d'années)*

4,3 : chute des premières pluies

4 : formation des bactéries simples

3,8 : formation des roches les plus anciennes

1,5 : apparition des montagnes

600 : développement d'animaux à carapace dure dans les océans

400 : croissance des végétaux

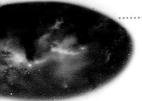

## La naissance du système solaire

Le Soleil et les planètes sont nés d'un nuage de gaz, de glace et de poussière. Lors de la formation du Soleil, les débris se sont agglutinés sous l'effet de la gravitation. Ces agglomérats ont grossi pour finalement devenir des planètes.

**Le système solaire s'est formé au sein d'un nuage tourbillonnant de gaz, de glace et de poussières.**

**Une masse s'est créée au centre du nuage. Autour de cette masse se trouvaient des blocs de gaz, de glace et de poussières (à droite).**

**La masse centrale est devenue le Soleil (ci-dessus, à g.). Les blocs périphériques ont formé les planètes (ci-dessus).**

**Ainsi est né le système solaire, avec toutes les planètes qui tournent dans le même sens autour du Soleil.**

# Un monde en rotation

**La Terre tourne rapidement autour de son axe tout en évoluant lentement autour du Soleil. Cette rotation est à l'origine du jour, de la nuit et des saisons.**

## Le pendule de Foucault

*pendule*

Un physicien français, Jean Foucault (1819-1868), s'est servi d'un pendule pour démontrer la rotation de la Terre. Une fois lâché, *ligne* le pendule se balançait en suivant une ligne donnée. Au bout de plusieurs heures, il semblait avoir changé de direction, mais en réalité, c'était la Terre qui avait tourné.

## La ronde des saisons

L'axe de la Terre étant incliné par rapport au Soleil, certaines régions sont plus près ou plus loin du Soleil selon les périodes. Elles reçoivent plus ou moins de lumière et de chaleur à mesure que la Terre tourne autour du Soleil ; le temps change, c'est ainsi que se produisent les saisons. Les régions situées entre l'équateur et les pôles connaissent quatre saisons : le printemps, l'été, l'automne et l'hiver. Aux pôles, il n'y a que deux saisons, l'été et l'hiver.

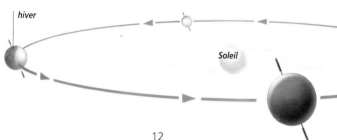

hiver

Soleil

## Les pays du soleil de minuit

Dans les zones proches des pôles, telles que le nord de la Norvège, le soleil ne se couche pas pendant près de six mois, comme l'attestent ces photos prises sur une période de 24 heures. La nuit, on voit toujours le soleil, puisqu'il reste juste au-dessus de la ligne d'horizon.

## La rotation et l'inclinaison de la Terre

La Terre met 24 heures pour effectuer un tour sur son axe. Les zones proches de l'équateur se déplacent à plus de 1 600 km/h, celles situées près des pôles ne bougent presque pas. La Terre tourne vers l'est; ainsi, le soleil semble se lever à l'est et se coucher à l'ouest. La Terre se penche vers le Soleil selon un angle de 23,5 degrés. Cet angle d'inclinaison se mesure à partir de l'axe de la Terre, une ligne imaginaire qui relie les deux pôles.

*pôle Nord*

*sens de rotation*

*été*

*axe*

*pôle Sud*

**C'est l'été dans la moitié nord de la Terre – ou hémisphère nord - lorsque le pôle Nord est incliné dans la direction du Soleil; c'est l'hiver lorsqu'il est incliné dans la direction opposée.**

13

# Champ magnétique de la Terre

**Un champ magnétique invisible enveloppe la Terre. Lorsque des particules venant du Soleil se dirigent vers nous, le champ magnétique les dévie. Celles qui passent à travers illuminent le ciel la nuit.**

## Une magnétosphère en forme de larme

La magnétosphère de la Terre, ou champ magnétique, entoure la planète et s'étend sur 60 000 km dans l'espace. Elle est générée par le fer en fusion du noyau externe de la Terre. La magnétosphère protège la Terre des particules de vent solaire nocives qui voyagent à plus de 2 000 km par seconde. Celles-ci ralentissent lorsqu'elles heurtent la magnétosphère. Certaines sont attirées vers les pôles magnétiques Nord et Sud, où elles donnent des aurores boréales.

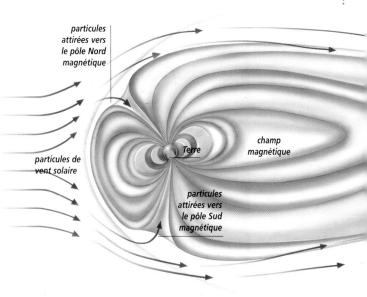

particules attirées vers le pôle Nord magnétique

particules de vent solaire

Terre

champ magnétique

particules attirées vers le pôle Sud magnétique

### Les pôles magnétiques

Le métal en fusion du noyau externe de la Terre génère un courant électrique qui produit de l'électricité. Cela crée un champ magnétique qui possède deux extrémités situées près des pôles Nord et Sud; ce sont les pôles magnétiques.

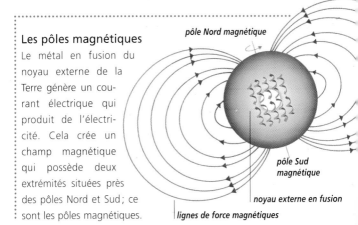

pôle Nord magnétique

pôle Sud magnétique

noyau externe en fusion

lignes de force magnétiques

### Les aurores – des lumières dans le ciel

La nuit, près des pôles, des lumières colorées scintillent dans le ciel. Ce sont des aurores. L'*aurora borealis* (lumières du nord) apparaît près du pôle Nord et l'*aurora australis* (lumières du sud) près du pôle Sud. Elles sont dues au vent solaire, des jets d'électrons solaires qui réagissent aux gaz présents dans l'atmosphère supérieure de la Terre.

**Une aurore boréale la nuit, dans le ciel du pôle Nord**

# L'atmosphère de la Terre

**L'atmosphère est indispensable à l'existence de toute forme de vie sur Terre. Elle nous fournit de l'oxygène, absorbe certains rayons nocifs émanant du Soleil et retient les hydrométéores, nuages, pluie, neige.**

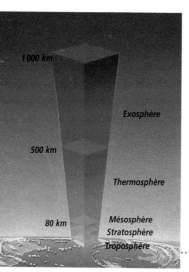

1 000 km

Exosphère

500 km

Thermosphère

80 km

Mésosphère
Stratosphère
Troposphère

## Couches de l'atmosphère

L'atmosphère de la Terre s'élève jusqu'à 1 000 km au-dessus de la surface de la planète. Elle se divise en plusieurs couches. Tous les organismes vivants se trouvent dans la couche la plus basse, la troposphère, qui s'élève à environ 10 km d'altitude. Elle est plus mince aux pôles et plus épaisse près de l'équateur. Les gaz de l'atmosphère retiennent la chaleur du Soleil, réchauffant ainsi la planète.

## L'air que nous respirons

L'atmosphère actuelle est composée de 76 pour cent d'azote et de 21 pour cent d'oxygène. Les 3 pour cent restants sont un mélange d'autres gaz tels que l'argon, le dioxyde de carbone, le néon, l'hélium et le méthane.

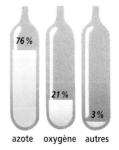

76 %

21 %

3 %

azote  oxygène  autres

L'atmosphère primitive de la Terre était composée d'un mélange de méthane, de dioxyde de carbone et d'hydrogène sulfuré.

La pluie, en tombant, a créé les océans. Leur eau, en réaction au métal de la Terre, était de couleur marron-rouille.

bactéries considérablement agrandies

Les substances chimiques présentes dans les océans ont produit des acides aminés à l'origine des premières formes de vie : les bactéries.

## Formation de l'atmosphère de la Terre

Pendant son premier milliard d'années, l'atmosphère de la Terre était composée d'un mélange de gaz toxiques. Il y a environ 3,5 milliards d'années, les bactéries sont apparues dans les océans. Elles se sont transformées en de minuscules plantes, appelées algues, qui rejetaient de l'oxygène.

Les océans se sont remplis d'oxygène, un gaz qui a rendu l'atmosphère respirable et permis l'élaboration de nouvelles formes de vie.

# La structure de la Terre

La pression constante exercée par la surface terrestre déforme les couches rocheuses.

# L'histoire intérieure

**La Terre est formée de plusieurs couches, dont l'externe, sur laquelle nous vivons, et le noyau central. Les couches profondes renferment les secrets de la planète, mais leur dureté ou leur chaleur en interdit l'analyse.**

## Les couches terrestres

La mince écorce qui enveloppe la Terre s'appelle la croûte. Les couches situées en dessous sont hors de portée ; nous avons appris à les connaître en étudiant les ondes de choc des séismes. Le manteau se compose de minéraux, comme le magnésium et le fer, et de roche en fusion, le magma. Le noyau renferme essentiellement du fer ; le noyau externe est liquide et le noyau interne solide. Le centre (température de 5 000 °C) est aussi chaud que la surface du soleil.

*noyau interne
1 280 km
d'épaisseur*

*noyau externe
2 250 km d'épaisseur*

*manteau
2 900 km d'épaisseur*

*croûte
32 km d'épaisseur
en moyenne*

*croûte
fine sous
les
océans*

## Les caractéristiques de la croûte

La croûte, une couche de roche solide sur laquelle nous vivons, est la peau de la Terre. Elle mesure 32 km d'épaisseur en moyenne. Elle est plus épaisse sous les continents, pouvant s'étendre jusqu'à 65 km de profondeur, et plus mince sous les océans, lieu où son épaisseur n'excède pas 8 km. Sa surface est ponctuée de montagnes, de plaines et de fosses.

montagnes anciennes

montagnes plissées jeunes

plaines intérieures

fosse océanique profonde

mine la plus profonde 3,8 km

croûte épaisse sous les continents

fosse océanique la plus profonde 11 km

exploration géologique la plus profonde 15 km

## Des trous dans la croûte

La distance comprise entre la surface et le centre de la Terre mesure environ 6 400 km et la plus grande profondeur jamais atteinte à ce jour n'excède pas 15 km (il s'agit d'un forage en Russie). En Afrique du Sud, se trouve une mine d'or de 3,8 km de profondeur. La fosse des Mariannes dans l'océan Pacifique est le point naturel le plus profond de la planète – à 11 km au-dessous du niveau de la mer.

# La croûte terrestre

**La croûte terrestre n'est jamais stable. Il y bien longtemps, les terres émergées formaient un seul continent. Cette masse a fini par se briser et les morceaux sont partis à la dérive.**

Il y a 250 millions d'années, toutes les terres immergées étaient réunies en un seul continent géant, la Pangée, qui signifiait «toutes les terres».

Pangée

Téthys (mer)

un seul supercontinent

Laurasie

Thétys (mer)

Gondwanie

Il y a 200 millions d'années, la Pangée a commencé à se morceler. Il y a 135 millions d'années, elle formait deux continents, la Laurasie au nord et la Gondwanie au sud.

le supercontinent se morcelle

Amérique du Nord

de plus petits continents apparaissent

Amérique du Sud

## L'émergence des continents actuels

Les continents de la Terre ont trouvé leur place à la suite d'imperceptibles déplacements de la croûte terrestre. La croûte est découpée en morceaux géants appelés plaques. Celles-ci flottent sur la roche en fusion, ou magma, du manteau qui est la couche située juste en dessous de la croûte. À mesure que le magma perce la croûte et monte en surface, il provoque le déplacement des plaques. Il a fallu des millions d'années pour que ce processus incessant place les continents dans leur position actuelle. C'est la dérive des continents.

## Les fossiles nous révèlent l'histoire des continents

Nous savons que les continents étaient jadis soudés grâce aux restes fossilisés d'espèces animales identiques trouvés dans plusieurs parties du monde. Par exemple, en Asie, en Amérique du Sud et en Antarctique, on a trouvé des fossiles de *Lystrosaurus*, un animal de la taille d'un chien qui vivait il y a 220 millions d'années. Il se déplaçait librement car aucun océan n'entravait sa progression.

*Lystrosaurus*

La Laurasie et la Gondwanie se sont progressivement divisées jusqu'à ce que les continents actuels commencent à se former, il y a 65 millions d'années.

Tout en poursuivant leur déplacement, les continents ont dérivé pour atteindre la position qu'ils occupent aujourd'hui. Ils continuent toujours à bouger, de 1 à 4 cm par an environ.

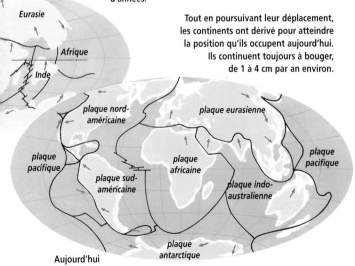

Eurasie

Afrique

Inde

plaque nord-américaine

plaque eurasienne

plaque pacifique

plaque sud-américaine

plaque africaine

plaque pacifique

plaque indo-australienne

plaque antarctique

Aujourd'hui

# Rencontre des plaques terrestres

**Aux points de rencontre des plaques, des failles se créent dans la croûte terrestre. Celle-ci est soumise à une énorme pression lorsque les masses rocheuses se heurtent, s'éloignent l'une de l'autre ou glissent l'une contre l'autre.**

De profondes fosses océaniques se forment lorsqu'une plaque sombre sous une autre plaque. De violents séismes se produisent à ces endroits-là.

Lorsque deux plaques glissent l'une contre l'autre, elles créent une faille dans la roche. Les séismes les plus importants surviennent le long de ces failles.

Lorsque deux plaques se rencontrent, la croûte se plisse sous la pression et se soulève pour former des montagnes.

Lorsque des plaques se détachent sous les océans, le magma remonte le long de la fente et durcit pour former les dorsales médio-océaniques.

## La rencontre et le déplacement des plaques

L'un des côtés s'agrandit à mesure que du matériau neuf remonte de l'intérieur de la Terre ; l'autre se détruit progressivement en glissant dans les profondeurs de la Terre ou en se soulevant pour former des montagnes.

La faille de San Andreas en Californie, aux États-Unis, marque la frontière entre les plaques pacifique et nord-américaine.

## Les frontières des plaques de la croûte terrestre

La croûte est constituée de 7 grosses plaques et de 12 petites. Elles se déplacent dans différentes directions et à des vitesses variées. La plupart se situent à la fois sous les océans et sous les continents.

## L'extension du plancher océanique

Le plancher océanique bouge constamment. Le processus débute au niveau d'une dorsale océanique. Là, le magma remonte à la surface, s'étend, se refroidit et durcit pour former une nouvelle croûte. À l'endroit d'une fosse océanique, cette croûte glisse sous une plaque adjacente, fond et redevient magma.

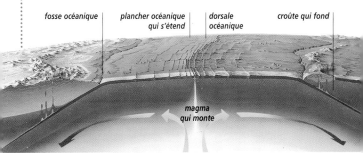

*fosse océanique* | *plancher océanique qui s'étend* | *dorsale océanique* | *croûte qui fond*

*magma qui monte*

# Les océans

**Les océans recouvrent plus des deux tiers de la Terre. Au fond de leur eau salée, la croûte se soulève et s'effondre, exactement comme sur les continents, en créant un paysage que nous commençons tout juste à explorer.**

### L'exploration des océans

Des engins sous-marins, appelés submersibles, explorent les profondeurs des océans. Certains ont un équipage de deux ou trois personnes, d'autres sont des robots contrôlés par un navire mouillé en surface.

### Caractéristiques du plancher océanique

Les bords des continents descendent en pente dans l'océan en formant un plateau continental. Au-delà du plateau, le plancher océanique tombe rapidement. Entre le plateau continental et la dorsale médio-océanique se trouve une immense zone plate appelée plaine abyssale. Des fosses océaniques apparaissent aux points de rencontre entre deux plaques de croûte terrestre.

*plateau continental*    *plaine abyssale*    *dorsale médio-océanique*

## Les fumeurs noirs

Lorsque le plancher océanique s'étend le long d'une dorsale océanique, des piles de minéraux semblables à des cheminées se forment au-dessus des fissures de la croûte terrestre. L'eau, chauffée à 400 °C, jaillit de ces cheminées, entraînant avec elle des minéraux provenant de l'intérieur de la Terre. Ceux-ci s'amoncellent et les cheminées grandissent.

*jet d'eau riche en minéraux émanant d'un fumeur noir*

*une cheminée atteint parfois 10 m de haut*

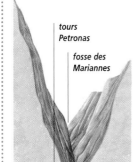

*tours Petronas*

*fosse des Mariannes*

## La fosse des Mariannes

Le point le plus profond sur la surface de la Terre se trouve dans l'océan Pacifique, à l'ouest des îles Philippines. Il s'agit de la fosse des Mariannes, un gouffre de 11 km de profondeur. En 1960, deux scientifiques américains embarqués sur un submersible sont descendus au fond de la fosse. Comparée à celle-ci, les plus hauts édifices du monde, les tours Petronas à Kuala Lumpur, paraissent ridiculement petits.

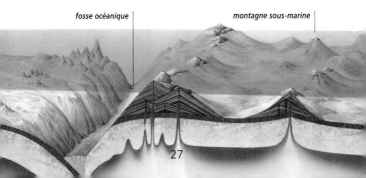

*fosse océanique*

*montagne sous-marine*

# Les pôles et la banquise

**Les pôles de la Terre se situent au milieu d'étendues gelées. La neige qui tombe au pôle Sud devient une calotte glaciaire qui recouvre le sol, alors que les températures glaciales qui règnent au pôle Nord transforment la mer en banquise.**

### Les pôles Nord et Sud

Les pôles Nord et Sud se situent à chacune des extrémités de l'axe de la Terre, la ligne invisible autour de laquelle tourne notre planète. Ce sont les pôles géographiques du globe, situés à l'opposé l'un de l'autre. Leur position est fixe, à l'inverse de celle des pôles magnétiques qui varie avec le temps.

Arctique

*pôle Nord*

Groenland

Antarctique

*pôle Sud*

Le pôle Nord est entouré par l'Arctique, une région de banquise flottant sur l'océan Arctique. En hiver, la banquise recouvre une étendue beaucoup plus grande.

Le pôle Sud est entouré par le continent Antarctique, une étendue rocheuse recouverte d'une couche de glace compressée appelée calotte glaciaire. À certains endroits, celle-ci mesure 5 km d'épaisseur.

## La banquise

Durant les hivers rigoureux qui sévissent aux pôles, lorsque la température de l'eau tombe au-dessous de – 1,9 °C, la mer gèle et devient banquise, un amas de glace flottante. En général, la banquise n'excède pas 2 mètres d'épaisseur.

Un navire brise-glace progresse à travers la banquise et ouvre la voie aux autres bateaux.

## Les icebergs

Un iceberg est un énorme bloc de glace flottante que l'on trouve dans les eaux avoisinant les pôles, là où les glaciers et les calottes glaciaires atteignent la côte. En entrant dans la mer, la glace se brise en morceaux qui partent à la dérive et forment des icebergs. Les icebergs de l'Arctique (ci-dessous) sont souvent hauts et de forme irrégulière. Ceux de l'Antarctique sont tabulaires et à sommets plats.

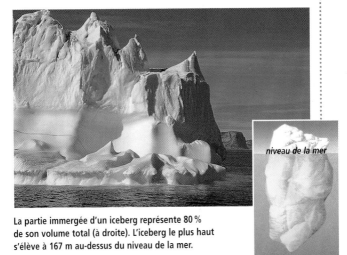

niveau de la mer

La partie immergée d'un iceberg représente 80 % de son volume total (à droite). L'iceberg le plus haut s'élève à 167 m au-dessus du niveau de la mer.

# Roches, minéraux et fossiles

**La roche est le matériau qui constitue la croûte terrestre.
Les roches sont faites de minéraux. Lorsque les minéraux
remplacent les os d'un animal mort avec de la roche,
on assiste alors à la formation de fossiles.**

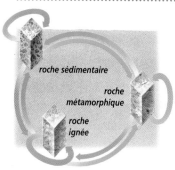

roche sédimentaire

roche métamorphique

roche ignée

■ érosion de la roche
■ compression de la roche
■ fonte de la roche

## Le cycle de la roche

Le processus de transformation, ou de recyclage, d'un type de roche en un autre est appelé le cycle de la roche. Les roches se transforment en trois catégories sous l'action de la fonte, de l'érosion et de la compression. Ces mêmes processus leur donnent également de nouvelles formes. Le cycle ne s'arrête jamais.

## La formation des fossiles

Un animal peut se fossiliser lorsque son cadavre gît dans de la boue ou du sable et qu'il est recouvert de sédiments (minuscules grains de matériau solide). Les sédiments durcissent autour du cadavre et se transforment en pierre. Le squelette pourrit en laissant l'empreinte des os dans les sédiments. C'est un fossile-moule. Si le moule se remplit de sédiment, on obtient un fossile moulé qui ressemble au squelette d'origine.

**Un poisson meurt et tombe au fond de la mer. Ses parties molles pourrissent, mais ses os restent.**

### Les types de roches et la formation des couches

Il existe trois types de roches : ignées, sédimentaires et métamorphiques. La roche ignée se forme à partir du magma (roche en fusion), la roche sédimentaire, à partir de morceaux de roche érodée, appelés sédiments, qui sont compressés en couches, et la roche métamorphique est une roche ignée ou sédimentaire qui se transforme en une autre roche sous l'effet de la pression ou de la chaleur.

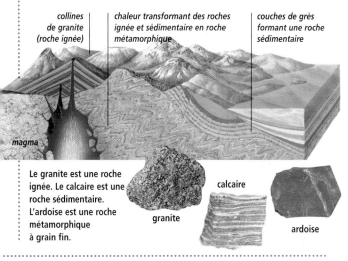

*collines de granite (roche ignée)*

*chaleur transformant des roches ignée et sédimentaire en roche métamorphique*

*couches de grès formant une roche sédimentaire*

*magma*

Le granite est une roche ignée. Le calcaire est une roche sédimentaire. L'ardoise est une roche métamorphique à grain fin.

granite

calcaire

ardoise

Les sédiments recouvrent les os. Les minéraux prennent peu à peu leur place et durcissent pour devenir de la pierre.

Les mouvements du terrain soulèvent le fossile hors de l'eau pour le déposer sur du sol sec.

À mesure que le sol s'érode, le squelette fossilisé apparaît.

# Cristaux, gemmes et minerais

**Les minéraux sont les éléments constitutifs des roches appelés cristaux, gemmes (pierres précieuses) et minerais. Issus des processus qui ont formé la Terre, ils sont prisés pour leurs usages pratiques et décoratifs.**

cube : diamant, galène

hexagone et trigone : émeraude

triclinique : turquoise

monoclinique : gypse, azurite

tétragone : zircon

orthorombique : soufre, topaze

## Les systèmes cristallins

La plupart des minéraux forment des cristaux. Chacun de ces minéraux a une forme propre connue sous l'appellation de système cristallin. Les formes sont définies par les angles que dessinent les cristaux dans leurs coins ainsi que par la longueur de l'un des trois côtés. Il existe six formes de base (voir ci-contre, à gauche). La plupart des cristaux ont une couleur spécifique ; le soufre, par exemple, est jaune.

## Les pierres précieuses minérales

La plupart des pierres précieuses sont des minéraux. Ce sont des cristaux qui, une fois taillés et polis, ont une grande valeur. De nombreuses pierres précieuses, dont les diamants, les émeraudes et les rubis, sont rares et chères. D'autres, plus communes comme les opales, sont des pierres semi-précieuses.

**diamant non taillé dans une roche**

## Les minéraux à minerais et les minerais purs

Certains minéraux sont appelés métaux; la plupart se trouvent dans le sol, à l'intérieur de mélanges appelés minerais. Les minerais purs, comme l'or, existent sous forme de blocs solides. Après extraction, les minerais sont broyés et fondus pour en retirer les métaux.

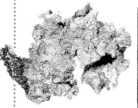

**Le cuivre existe sous forme de minerai pur, car il n'est pas mélangé à d'autres minéraux. C'est un métal qui sert à de nombreux usages.**

**Mine d'étain à ciel ouvert, au Brésil.**

**rubis taillé**

**rubis non taillé**

**diamant taillé**

### Gemmes organiques

Toutes les pierres précieuses ne sont pas d'origine minérale. Certaines se forment à partir de plantes ou d'animaux, elles sont alors qualifiées d'organiques. L'ambre (résine d'arbre fossilisée), la perle et le jais en sont des exemples.

**ambre**

33

# Le sol

**Le sol est la fine couche de terre fertile qui recouvre la croûte terrestre. Mélange de minéraux, de matière organique, d'air et d'eau, le sol est issu de l'érosion et de l'action des végétaux et des animaux.**

## La formation du sol

1. La roche mère se désagrège en particules minérales. Les lichens et les mousses poussent et l'eau s'infiltre. Un sol immature se forme. 2. Un jeune sol apparaît. Les herbes et les arbustes poussent et créent une couche de déchets organiques qui pénètre dans ce sol. 3. Un sol mature voit le jour à partir du mélange des matériaux organiques et minéraux.

sol immature

roche mère

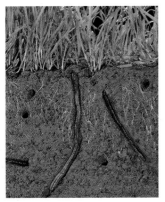

## Les vers de terre enrichissent le sol

En absorbant des matières organiques et de la terre, les vers de terre concassent les minéraux en de minuscules particules. Ils les déposent sous forme de déjections qui enrichissent la composition du sol. Les trous des vers de terre favorisent le drainage et l'aération en laissant l'air pénétrer le sol.

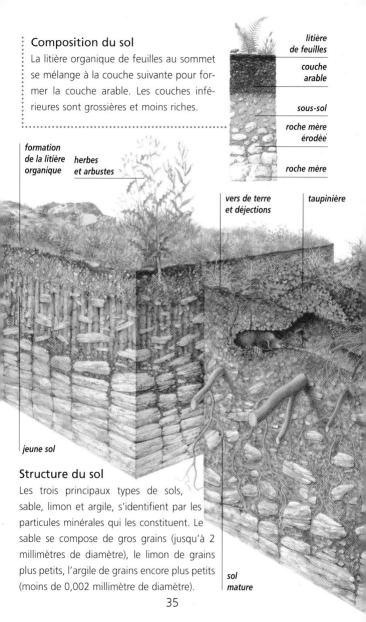

## Composition du sol

La litière organique de feuilles au sommet se mélange à la couche suivante pour former la couche arable. Les couches inférieures sont grossières et moins riches.

*litière de feuilles*

*couche arable*

*sous-sol*

*roche mère érodée*

*roche mère*

*formation de la litière organique*

*herbes et arbustes*

*vers de terre et déjections*

*taupinière*

*jeune sol*

## Structure du sol

Les trois principaux types de sols, sable, limon et argile, s'identifient par les particules minérales qui les constituent. Le sable se compose de gros grains (jusqu'à 2 millimètres de diamètre), le limon de grains plus petits, l'argile de grains encore plus petits (moins de 0,002 millimètre de diamètre).

*sol mature*

# Une Terre agitée

Les entrailles de la Terre connaissent
une agitation perpétuelle et ne cessent
de modeler la surface de notre planète.

# Les vagues et les marées

**Les océans sont toujours en mouvement. Le vent crée des vagues, alors que, deux fois par jour, la marée provoque la montée et la descente de leurs eaux.**

## La formation des vagues

Les vagues se forment lorsque le vent souffle sur la mer. À mesure qu'une vague avance vers la côte, les particules d'eau qu'elle renferme décrivent des cercles, se soulèvent en crêtes et retombent en creux. Près de la côte, les vagues ralentissent, leurs crêtes s'enroulent et elles se brisent alors sur la grève.

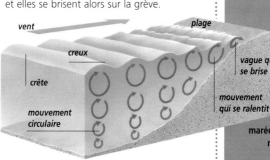

vent

plage

creux

vague qui se brise

crête

mouvement qui se ralentit

mouvement circulaire

jour 1
marée de vive-eau
nouvelle lune

## La Lune et les marées

La gravité de la Lune attire l'eau des océans dans sa direction. Cette attraction forme un renflement d'eau sur le côté de la Terre le plus proche de la Lune et un autre à l'opposé. Les renflements d'eau suivent la Lune dans son orbite autour de la Terre et produisent les marées.

## Le cycle des marées

Les marées suivent un cycle de 28 jours dépendant des positions de la Terre, de la Lune et du Soleil. Quand la Lune et le Soleil se trouvent dans l'alignement de la Terre, leur attraction conjuguée provoque une grande marée. Les faibles marées (marées de morte-eau) surviennent lorsque le Soleil et la Lune ne sont pas alignés.

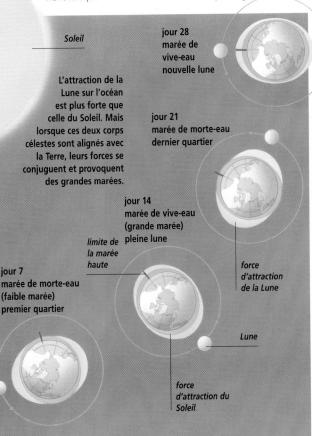

Soleil

jour 28
marée de
vive-eau
nouvelle lune

L'attraction de la Lune sur l'océan est plus forte que celle du Soleil. Mais lorsque ces deux corps célestes sont alignés avec la Terre, leurs forces se conjuguent et provoquent des grandes marées.

jour 21
marée de morte-eau
dernier quartier

jour 14
marée de vive-eau
(grande marée)
pleine lune

limite de la marée haute

jour 7
marée de morte-eau
(faible marée)
premier quartier

force d'attraction de la Lune

Lune

force d'attraction du Soleil

# Les côtes

**La côte est le lieu où la mer et la terre se rencontrent.
Elle est façonnée par le martèlement des vagues.
L'aspect du littoral change continuellement,
car la mer ronge sans arrêt la côte ; c'est l'érosion.**

## La physionomie des côtes

L'aspect du littoral résulte du travail incessant de l'érosion. Les baies et les arches se forment lorsque la roche tendre est dissoute par la mer ; il reste alors des aiguilles, semblables à des tours, ou des promontoires de roche dure. À mesure que les vagues désagrègent les roches en particules de plus en plus petites et que les cours d'eau charrient des matériaux vers la côte, la mer déplace ces matériaux le long de la grève et les accumule ; on obtient alors des plages. Si les vagues poussent latéralement le matériau des plages, on assiste à la formation de barres et de cordons sablonneux.

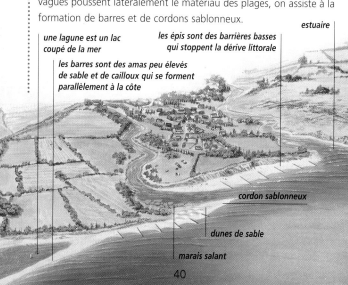

*une lagune est un lac coupé de la mer*

*les épis sont des barrières basses qui stoppent la dérive littorale*

*estuaire*

*les barres sont des amas peu élevés de sable et de cailloux qui se forment parallèlement à la côte*

*cordon sablonneux*

*dunes de sable*

*marais salant*

## L'érosion côtière

Les vagues projettent graviers et galets sur la grève et augmentent ainsi leur pouvoir sécant. L'air est comprimé dans les fissures de la roche et, lorsque la vague se retire, celui-ci explose et désagrège les roches. En outre, les substances chimiques présentes dans l'eau de mer dissolvent les roches tendres comme la craie ou le calcaire.

**Sur la côte ouest de l'Angleterre, l'érosion a façonné une arche en dissolvant la roche tendre.**

plage

baie

arche

aiguille

promontoire

grotte sous-marine : l'eau jaillit d'un trou percé dans la voûte de la grotte

**Les vagues érodent une fissure dans un promontoire ; celle-ci s'élargit et devient une grotte. Si l'érosion creuse les deux côtés du promontoire, une arche se forme. Lorsque la voûte de l'arche s'effondre, il reste une tour de pierre appelée aiguille.**

# Les îles
# et les atolls

**Éparpillées au milieu des océans, se trouvent des zones de terre émergées appelées îles ou atolls. Certaines résultent de la montée du niveau de la mer, d'autres ont été créées par des volcans ou des créatures marines.**

### Les îles continentales

Les îles se forment de diverses manières. Les îles continentales étaient jadis des morceaux de terre appartenant au continent voisin, puis elles s'en sont détachées au fil du temps. L'érosion, la montée du niveau de la mer et le déplacement des plaques terrestres sont susceptibles d'isoler un fragment de terre qui finit par devenir une île.

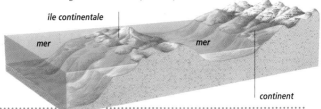

*île continentale*

*mer*

*mer*

*continent*

**Lorsque les terres basses sont immergées, des îles se forment.**

### La mer monte

Au début, la Terre était en grande partie recouverte de glace. Quand elle a fondu, il y a 10 000 ans, la mer est montée et a immergé des terres de basse altitude. Les plus hautes terres sont restées au-dessus du niveau de la mer pour former des îles séparées du continent.

### Les îles volcaniques

À l'endroit où deux plaques de croûte terrestre entrent en collision, des îles volcaniques émergent le long d'un arc, comme les îles de l'Indonésie. Les îles Hawaii se situent au-dessus d'un point chaud volcanique qui perce une plaque océanique en mouvement.

Une nouvelle île, Surtsey, près de l'Islande, a émergé lors d'une éruption volcanique.

### La formation d'un atoll

Un atoll est un récif corallien en forme d'anneau entourant un lagon de faible profondeur. La plupart des atolls se forment dans les eaux tropicales où le corail foisonne. Au début, les atolls sont des récifs frangeants qui, souvent, entourent une île volcanique. À mesure que le plancher océanique s'enfonce, l'île coule lentement mais le récif corallien continue à pousser. L'atoll est l'aboutissement du récif, lorsque la terre disparaît sous la mer pour laisser un anneau de corail.

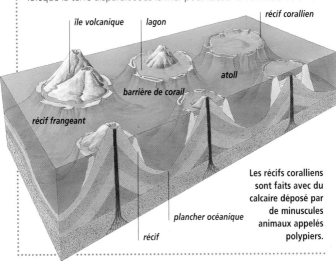

île volcanique · lagon · récif corallien · atoll · barrière de corail · récif frangeant · plancher océanique · récif

Les récifs coralliens sont faits avec du calcaire déposé par de minuscules animaux appelés polypiers.

43

# Les montagnes

**Les montagnes sont des masses de terre qui se soulèvent. Elles forment des chaînes qui s'étendent parfois sur des milliers de kilomètres et mettent des millions d'années à se créer.**

### La formation des montagnes

La création de montagnes s'effectue en trois étapes. Les sédiments déposés sur le sol sont emportés par les rivières et les fleuves ou expulsés par les volcans. Ils s'accumulent en couches épaisses, en général au fond de la mer, où ils sont comprimés pour donner des roches sédimentaires. Puis, les mouvements de la croûte terrestre soumettent la roche à de fortes pressions, la forçant à se plisser. Enfin, la roche est poussée vers le haut et devient alors une montagne.

*Mauna Kea*

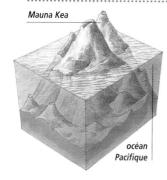

océan Pacifique

### La plus haute montagne

Le Mauna Kea qui signifie « Montagne Blanche » est un volcan en sommeil situé sur l'île d'Hawaii. Du fond de la mer à son sommet, il mesure 9 754 mètres. C'est la plus haute montagne insulaire et aussi la plus haute montagne du monde, elle dépasse même l'Everest.

### Les horsts et les dômes

Les mouvements des plaques terrestres soumettent les couches rocheuses à de telles pressions que celles-ci se fendent le long de lignes appelées failles. Les horsts, montagnes aux flancs très escarpés, se forment le long de ces failles.

Les dômes, aux pentes douces, sont formés par le magma qui remonte à la surface.

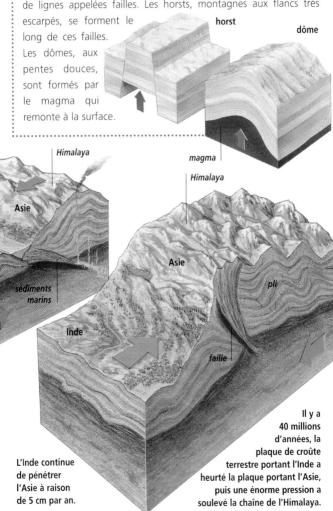

horst

dôme

magma

*Himalaya*

*Himalaya*

Asie

*sédiments marins*

Asie

Inde

*pli*

*faille*

L'Inde continue de pénétrer l'Asie à raison de 5 cm par an.

Il y a 40 millions d'années, la plaque de croûte terrestre portant l'Inde a heurté la plaque portant l'Asie, puis une énorme pression a soulevé la chaîne de l'Himalaya.

# Les glaciers

**Les glaciers sont des rivières de glace qui se forment dans les vallées montagneuses et glissent lentement vers le bas. Ils sculptent des paysages spectaculaires en charriant les roches arrachées sur leur passage.**

## La physionomie d'un glacier

Beaucoup de glaciers naissent dans des cirques, en haut des vallées montagneuses. Au sommet, des fragments de roche tombent dans le glacier, sont charriés avec la glace et s'accumulent en moraines latérales ou médianes. Quand la pente est raide, la glace forme de profondes crevasses. À l'extrémité du glacier, la glace fond et les débris rocheux se déposent en petits monticules.

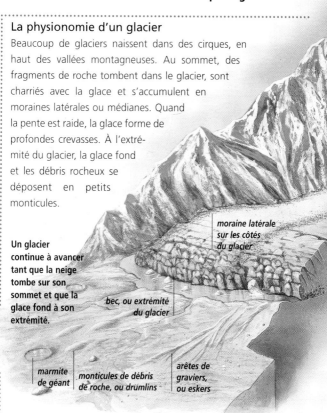

Un glacier continue à avancer tant que la neige tombe sur son sommet et que la glace fond à son extrémité.

*moraine latérale sur les côtés du glacier*

*bec, ou extrémité du glacier*

*marmite de géant*

*monticules de débris de roche, ou drumlins*

*arêtes de graviers, ou eskers*

## La formation d'un glacier

Un glacier commence à se former lorsqu'il tombe de la neige fraîche. L'air est expulsé d'une cavité et les flocons sont comprimés en une masse dense et solide appelée névé. Les couches de neige s'accumulent sur le névé et forment le glacier.

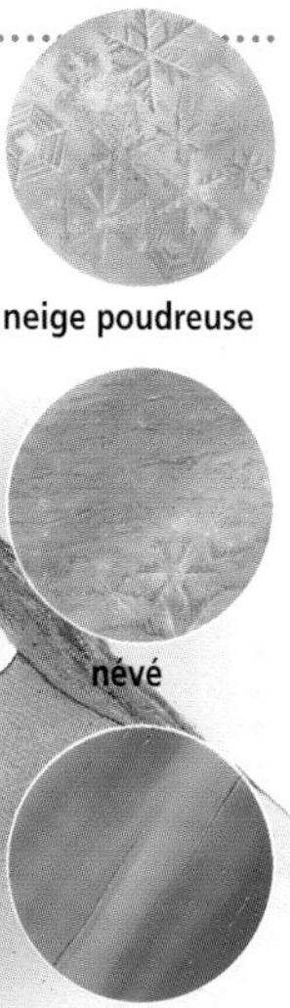

neige poudreuse

névé

glace de glacier

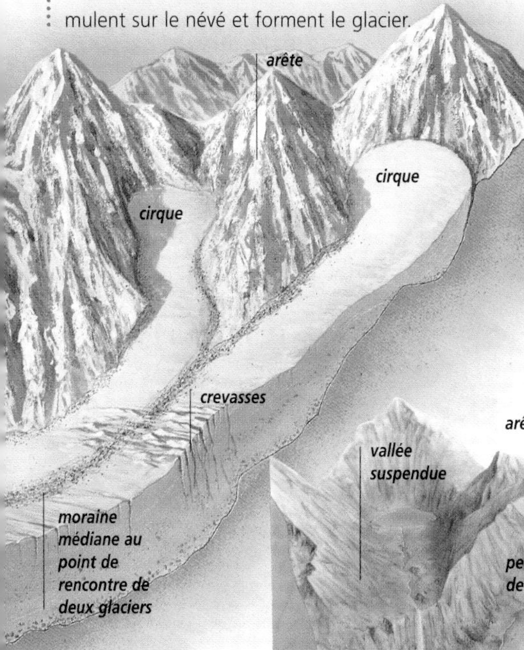

arête

cirque

cirque

crevasses

pic

arête

vallée suspendue

moraine médiane au point de rencontre de deux glaciers

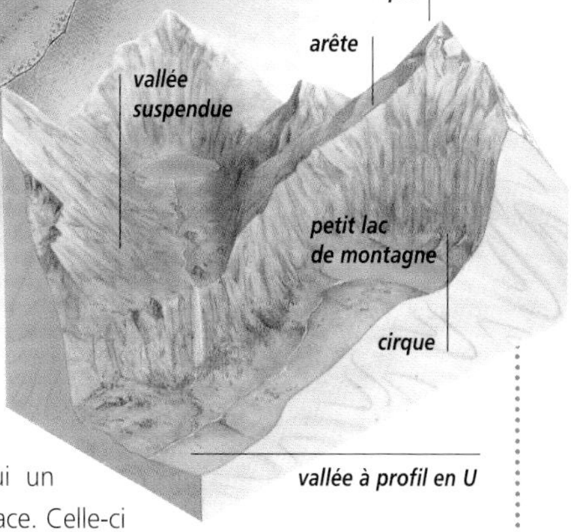

petit lac de montagne

cirque

## Transformation

Lorsqu'un glacier se retire, il laisse derrière lui un paysage façonné par la glace. Celle-ci

vallée à profil en U

a creusé une vallée profonde aux pentes escarpées et au fond plat, en forme de U. Les creux (cirques) renferment des petits lacs de montagnes et les arêtes dentelées marquent la frontière entre deux vallées.

# Les cours d'eau : cours supérieur

**Les cours d'eau sont les autoroutes de la nature ; ils transportent l'eau des montagnes vers la mer. Ils modifient la physionomie du terrain en creusant de longues et profondes vallées dans la roche ainsi que des gorges.**

### Jeune cours d'eau dans sa partie supérieure

*source du cours d'eau*

Un cours d'eau naît au sommet des montagnes. Il prend sa source dans un lac ou une zone marécageuse, ou bien encore au pied d'un glacier en train de fondre. Tout d'abord mince filet d'eau, celui-ci grossit peu à peu à mesure que des petits ruisseaux, ou affluents, viennent l'alimenter. Le cours d'eau emprunte la voie la plus rapide vers la mer et coule le long de vallées aux flancs escarpés. Lorsqu'il franchit des ruptures de pente, naissent les cascades.

*affluent*

*vallée à profil en V aux flancs escarpés*

### Le façonnage du terrain

Un cours d'eau use le terrain en grattant et en éraflant les roches et le sol avec les matériaux qu'il charrie ; c'est le processus d'abrasion. Les minuscules particules sont dissoutes dans l'eau. Les grains de sable flottent dans l'eau. Les gros cailloux et les rochers dévalent le lit du cours d'eau en rebondissant.

## La formation d'une cascade et d'une gorge

Une cascade se forme lorsqu'un cours d'eau franchit une rupture de pente. Cela se produit lorsque la roche tendre a été érodée et laisse une corniche. Un bassin se creuse parfois au pied de la cascade, là où l'eau heurte le sol. À mesure que la roche tendre derrière le bassin s'érode, la cascade recule en laissant une gorge dans la roche.

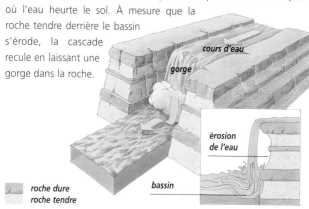

cours d'eau

gorge

érosion de l'eau

roche dure
roche tendre

bassin

## Les marmites

cascade

Les marmites sont des trous de plusieurs centimètres de diamètre creusés par l'eau dans le lit rocheux des cours d'eau. Au fond se trouvent des cailloux. L'eau de la rivière les fait constamment tournoyer, ils s'usent, érodent la roche et finissent, aidés par le mouvement de l'eau, par créer une marmite.

réseau de bras d'eau

C'est dans sa partie supérieure que le cours d'eau connaît son plus gros débit; en effet, l'eau dévale à grande vitesse les vallées et les gorges.

49

# Les cours d'eau : cours inférieur

**Un cours d'eau est déjà vieux lorsqu'il atteint son cours inférieur; c'est la dernière étape de son voyage qui le mène à la mer. Souvent, les agriculteurs cultivent la terre le long de ses rives; on construit également des ports et des villes.**

## Un vieux cours d'eau dans sa partie inférieure

À mesure qu'un cours d'eau s'éloigne de sa source, il transporte plus d'eau et de sédiments. Le terrain s'aplanit et la rivière coule en serpentant pour créer une vallée plate et plus large. C'est la plaine alluviale, dont le sol est enrichi par les minéraux déposés lors du passage du cours d'eau. La rivière décrit de larges boucles ou méandres. Certaines d'entre elles sont fermées et deviennent alors des bras morts. Lorsque le fleuve atteint la mer, il se débarrasse du reste de ses sédiments pour former un delta.

*une plaine alluviale est un terrain plat au milieu duquel coule une rivière ou un fleuve qui dépose une couche de sédiments fertiles sur son passage*

Le cours inférieur est la partie d'un fleuve ou d'une rivière où le débit de l'eau se ralentit; à mesure que le terrain s'aplanit, le cours d'eau devient plus large.

*un bras mort est le vestige d'un méandre*

**Le delta en forme d'éventail situé à l'embouchure du Colorado, au Mexique.**

## Les deltas

Quand un cours d'eau se jette dans la mer, il ralentit sa progression et se débarrasse des sédiments (sable et gravier) qu'il a charriés durant son voyage. Ceux-ci se répandent sur une vaste zone appelée delta. À la surface du delta, le cours d'eau se divise en un réseau de bras de plus en plus ramifiés appelé défluents. Un delta prend généralement la forme d'un triangle.

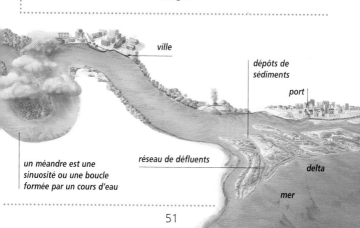

ville

dépôts de sédiments

port

un méandre est une sinuosité ou une boucle formée par un cours d'eau

réseau de défluents

delta

mer

# Les vallées

**Une vallée est une longue dépression creusée à la surface de la Terre, de part et d'autre du lit d'un cours d'eau, là où l'eau et la glace érodent la montagne et forment des passages, ou bien dans les failles où le terrain s'effondre.**

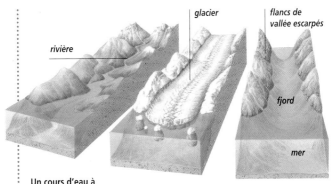

rivière

glacier

flancs de vallée escarpés

fjord

mer

Un cours d'eau à fort débit charrie des roches qui usent son lit et creusent une vallée à profil en V.

À mesure qu'un glacier progresse, les fragments de roche emprisonnés dans la glace raclent le sol et créent une vallée à profil en U.

Dans les régions polaires, une vallée à profil en U qui conduit à la mer est parfois inondée et devient alors un fjord.

## Les vallées formées par l'eau et la glace

Un cours d'eau à fort débit qui dévale une montagne escarpée sculpte dans la roche une vallée profonde en forme de V. Si cette vallée est ensuite occupée par un glacier, ses flancs deviennent plus raides et le fond s'aplanit. On obtient alors une vallée à profil en U. Dans les pays comme la Norvège ou la Nouvelle-Zélande, les glaciers qui s'étaient frayés un chemin jusqu'à la mer se sont maintenant retirés et les vallées glaciaires ont été envahies par la mer ; on les appelle des fjords.

## Formation d'un rift

Un rift se crée lorsqu'un bloc de terrain s'effondre entre deux failles. Pour qu'il en soit ainsi, les failles doivent être parallèles. Les failles se produisent lorsque deux plaques se séparent sous l'effet du mouvement de l'écorce terrestre. À mesure que les plaques s'éloignent l'une de l'autre, le terrain au milieu sombre lentement en créant un rift, une vallée aux pentes extrêmement escarpées.

**Le bloc de terrain qui persiste au fond d'un rift est appelé graben.**

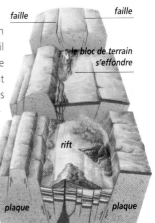

## Formation d'un canyon sur terre et au fond de la mer

Un canyon est une vallée étroite et profonde. Sur terre, un canyon résulte de l'érosion ; il est creusé par un cours d'eau qui se fraye un chemin dans la roche. Au fond de la mer, le canyon est creusé par l'action de forts courants sous-marins.

**Aux États-Unis, le Colorado a creusé son lit dans la roche et créé le Grand Canyon.**

# Les lacs

**Les lacs sont des étendues d'eau, douce ou salée, entourées de terre. La plupart sont alimentés par les cours d'eau qui s'y jettent et sont vidangés par ceux qui y prennent leur source. La pluie les remplit régulièrement.**

## Les différents types de lacs

Il existe plusieurs types de lacs selon la manière dont ils se sont formés. Un lac d'érosion se crée lorsque l'eau s'accumule dans un trou qui est soit creusé dans la roche par un glacier soit par le vent dans un désert. Un lac de cratère se forme quand la cuvette au sommet d'un volcan éteint se remplit d'eau de pluie. Parfois la lave obstrue le passage d'un cours d'eau et donne naissance à un lac, comme la mer de Galilée en Israël. Des lacs se forment également dans des régions où la croûte terrestre s'est fendue et où l'eau a rempli la faille.

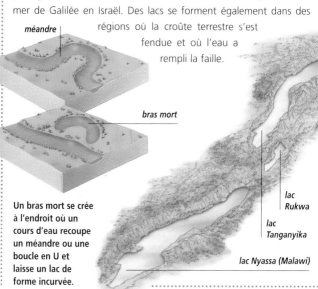

méandre

bras mort

Un bras mort se crée à l'endroit où un cours d'eau recoupe un méandre ou une boucle en U et laisse un lac de forme incurvée.

lac Rukwa

lac Tanganyika

lac Nyassa (Malawi)

### Le lac Baïkal, en Russie

Le lac Baïkal est le lac le plus profond du monde (1 637 mètres). Il doit sa formation à une faille créée par le mouvement de la croûte terrestre ; des cours d'eau se sont jetés dans le rift qui s'est rempli d'eau douce. Le lac abrite environ 1 500 espèces animales et végétales différentes.

**Le golomiaka, un poisson transparent, n'existe que dans les eaux du lac Baïkal.**

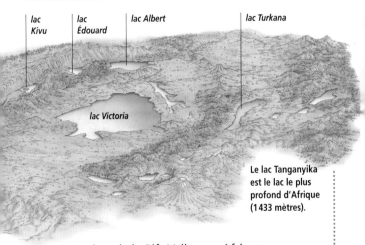

lac Kivu

lac Édouard

lac Albert

lac Turkana

lac Victoria

**Le lac Tanganyika est le lac le plus profond d'Afrique (1 433 mètres).**

### Les lacs de la Rift Valley, en Afrique

Au moment de la formation de la Rift Valley, l'eau a rempli les fissures du sol, ce qui a donné naissance à des lacs. Les eaux de chaque lac, douces ou salées, offrent une composition différente. Aucun courant ne les fait circuler et les plus basses profondeurs renferment de l'eau « fossile » inanimée, vieille de plusieurs millions d'années.

# Les grottes

**Les grottes sont de grands trous formés par l'eau qui érode la roche tendre et laisse des tunnels et des salles. Elles sont également creusées par la mer, par l'eau qui coule à l'intérieur des glaciers ou encore des coulées de lave.**

## Voyage à l'intérieur d'un réseau de grottes calcaires

Un réseau de grottes dans la roche calcaire est parfois extrêmement étendu avec des espaces humides et secs reliés entre eux et formés par l'action érosive de l'eau qui s'est exercée durant des milliers d'années. La hausse et la baisse du niveau hydrostatique contribuent à prouver que l'érosion agit à différents niveaux et à différentes époques.

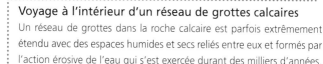

le pavage calcaire est une zone calcaire qui présente la particularité de ne pas être recouverte de sol

galerie

stalactite

colonne

stalagmite

niveau hydrostatique

entrée de la grotte

doline

l'eau descend jusqu'au niveau hydrostatique (le niveau où la roche est déjà saturée d'eau)

56

## Formation des grottes

Beaucoup de grottes se forment dans la roche calcaire sédimentaire. La roche tendre s'érode aisément. L'eau de pluie s'infiltre dans les fissures de la roche et dissout celle-ci, creusant des salles et des passages. À mesure que l'eau s'évacue, la grotte se remplit d'air au-dessus du niveau hydrostatique.

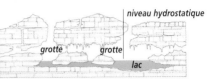

L'eau de pluie renferme des acides qui dissolvent le carbonate de calcium constituant le calcaire.

Les grottes se creusent à mesure que l'eau se fraie un chemin le long des couches fragiles du calcaire.

*une rivière surgit parfois d'une grotte s'il y a une couche de roche dure (imperméable) en surface*

Stalagmites et stalactites peuvent se rejoindre.

## Les stalagmites et les stalactites

L'eau qui goutte dans une grotte calcaire laisse de minuscules quantités d'un minéral appelé calcite qui durcit pour devenir une roche. À la voûte des grottes, la calcite forme des « chandelles » appelées stalactites. Les flèches de calcite qui se dressent sur le sol des grottes portent le nom de stalagmites.

# Les déserts de sable

**Un désert est une zone sèche qui reçoit très peu de pluie. Des vents violents, des températures extrêmes (journées chaudes et nuits froides) et des coulées d'eau brutales façonnent un paysage très particulier.**

## Le paysage désertique

Le paysage d'un désert de sable présente bien des particularités. De profondes saignées, les oueds, témoignent du passage d'un cours d'eau. Ils sont secs une grande partie de l'année et se remplissent d'eau après une forte pluie. Des collines, appelées mesas et buttes, s'élèvent ainsi que des amoncellements de sable appelés dunes. Le sable, soufflé par le vent, érode la roche dure pour former des arches et des colonnes.

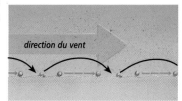

*direction du vent*

Le vent souffle de petits grains de sable qui décrivent une série de petits bonds. Quand les grains atteignent le sol, ils en heurtent d'autres et les font également rebondir.

*mesa : une large colline au sommet tronqué et plat et aux pentes abruptes*

*oued : un cours d'eau asséché*

## Les quatre principaux types de dunes de sable

Si le vent souffle d'une seule direction, il construit des croissants de sable, les barkhanes ; s'il souffle dans des directions perpendiculaires, il dresse des arêtes abruptes, les dunes parallèles ; s'il souffle de plusieurs directions, il forme des étoiles. Enfin, les dunes transversales s'édifient perpendiculairement au sens du vent.

**Les dunes de sable varient en taille. Les plus hautes s'élèvent à 200 m d'altitude.**

*dunes parallèles*

*direction du vent*

*roche-piédestal*

*arche érodée*

*butte : une version réduite de la mesa*

*roche-champignon*

*barkhanes*

*dunes en étoile*

*dunes transversales*

*hamada : un dallage rocheux dénudé*

*oasis*

**Le sable du désert provient du substrat rocheux qui forme son sol. L'eau et le vent érodent la roche et la réduisent en de très fines particules ou grains.**

# Les déserts et les oasis

**Un tiers de la surface continentale du globe est recouverte de déserts de divers types : étendues sablonneuses d'Afrique et d'Asie ; immensités glacées de l'Antarctique. La vie, elle, s'est adaptée aux conditions les plus extrêmes.**

## La formation d'une oasis

Dans certains déserts, l'eau douce remonte à la surface pour créer une zone humide appelée oasis. Cette eau provient souvent de la pluie tombée sur des montagnes éloignées. Elle chemine sous terre, en se frayant un passage à travers les roches poreuses. L'oasis se forme dans un creux situé au-dessous du niveau hydrostatique. L'eau quitte la roche et remplit le trou.

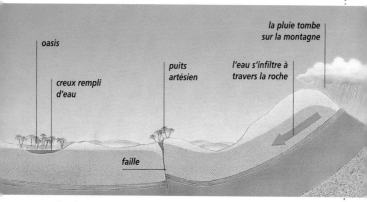

oasis

creux rempli d'eau

puits artésien

faille

la pluie tombe sur la montagne

l'eau s'infiltre à travers la roche

## La vie dans une oasis

Une oasis est un point d'eau au milieu du désert. Les animaux s'y désaltèrent et les populations s'installent souvent à proximité pour y cultiver le sol et faire pousser des arbres, comme les palmiers dattiers, qui procurent de l'ombre et des fruits très énergétiques.

## Les déserts chauds et les déserts froids

Certains déserts, comme le Sahara en Afrique, sont chauds, les températures sont très élevées durant la journée. D'autres, comme le Takla-Makan en Chine, sont des déserts froids. Il y a même des déserts polaires en Antarctique, un continent tout entier couvert de glace.

**Le désert de Gobi, en Asie, est un désert froid.**

## Les cactus, des plantes du désert

Parce qu'il est difficile de trouver suffisamment d'eau pour vivre, les plantes du désert se sont adaptées aux conditions climatiques sèches et arides. Les cactus sont pourvus de longues racines qui puisent l'eau très profond dans le sol pour la stocker ensuite dans leurs épaisses tiges renflées. Les stries sur les tiges permettent aux cactus de gonfler lorsqu'ils aspirent de l'eau.

**Le cactus saguaro pousse dans le désert de Sonora au Mexique. Il peut atteindre 15 m de haut et vivre plus de 200 ans.**

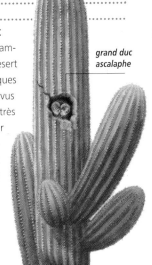

*grand duc ascalaphe*

61

# Les volcans

**Un volcan est une cheminée dans la croûte terrestre d'où s'échappent de la roche en fusion, des cendres et des gaz. Il se forme souvent au niveau des zones sensibles, en particulier aux points de rencontre des plaques terrestres.**

## L'éruption volcanique

Une éruption volcanique se produit lorsque la roche en fusion, ou magma, remonte du manteau de la Terre. Il accède à la surface par une cheminée percée dans la croûte. Une fois à la surface, le magma prend le nom de lave. La lave à peau rugueuse est appelée « aa » et celle à peau lisse « pahoehoe ».

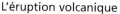

cratère

cheminée latérale

*coulée de lave*

ancien réservoir à magma

*nouveau réservoir à magma*

La lave atteint parfois la température de 1200 °C; pourtant, de cinq à dix minutes suffisent pour que la lave «pahoehoe» (ci-contre) s'arrête de couler, refroidisse et durcisse en surface.

## Les types de volcans

Un volcan composite est haut et connaît de fréquentes éruptions de lave. Un volcan avec cône de scories est plus aplati et expulse des gaz et de la cendre. Un volcan bouclier a plusieurs cheminées par où jaillit la lave. Un volcan fissure se forme le long d'une faille et expulse de la lave sur une longue distance, en général sous la mer.

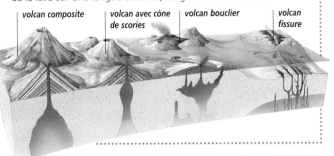

*volcan composite* | *volcan avec cône de scories* | *volcan bouclier* | *volcan fissure*

**Après l'éruption du Pinatubo aux Philippines en 1991, une pluie de cendres volcaniques s'est abattue sur les populations avoisinantes.**

## Les matériaux éjectés par un volcan

Un volcan éjecte des matériaux solides appelés pyroclastes renfermant des cendres, des lapilli (petits cailloux), des blocs (gros morceaux de roche), des bombes (grosses gouttes de magma), de la pierre ponce et des scories. Un volcan expulse parfois des gaz toxiques comme du dioxyde de soufre et du dioxyde de carbone.

# Le paysage volcanique

**Le paysage volcanique recouvre une zone assez vaste. Son sol est fertile et propice à l'agriculture. L'eau chaude présente dans le sous-sol peut être utilisée comme source d'énergie.**

### Les volcans et le paysage

Un volcan en éruption ou récemment entré en éruption est qualifié d'actif. Un volcan qui n'est pas en éruption mais risque de se réveiller dans l'avenir est en sommeil, et un volcan qui n'entrera plus jamais en éruption est un volcan éteint. Quel que soit l'état d'un volcan, le paysage qu'il a façonné présente des caractéristiques spécifiques, à la fois en surface et sous terre.

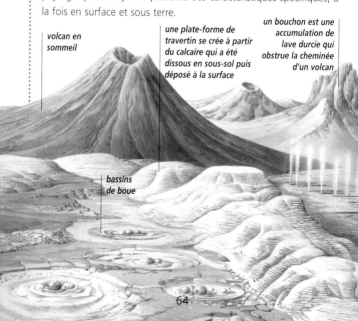

*volcan en sommeil*

*une plate-forme de travertin se crée à partir du calcaire qui a été dissous en sous-sol puis déposé à la surface*

*un bouchon est une accumulation de lave durcie qui obstrue la cheminée d'un volcan*

*bassins de boue*

## L'eau chaude

Elle laisse des formations spécifiques dans un paysage volcanique. Un geyser est une source d'eau chaude qui jaillit du sol. Une fumerolle est une émanation de vapeur d'eau chaude et de gaz. Il existe aussi des sources d'eau chaude bouillonnante. Les minéraux qu'elles déposent durcissent et créent des plates-formes rocheuses. Si l'eau se mélange à des cendres et à d'autres particules, la source se transforme en bassin de boue.

**Un geyser expulse de l'eau chaude et de la vapeur d'eau dans les airs.**

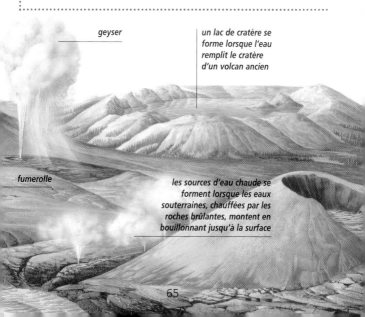

geyser

un lac de cratère se forme lorsque l'eau remplit le cratère d'un volcan ancien

fumerolle

*les sources d'eau chaude se forment lorsque les eaux souterraines, chauffées par les roches brûlantes, montent en bouillonnant jusqu'à la surface*

# Les séismes

**Un séisme est un tremblement de terre
provoqué par une libération d'énergie résultant
du déplacement des roches en sous-sol. Les
secousses peuvent causer des dégâts en surface.**

## Les mouvements de la ligne de faille

En glissant l'une contre l'autre, les plaques provoquent des fissures ou des failles aux endroits
où la croûte terrestre est plus fragile. Trois phé-
nomènes peuvent advenir : soit la roche glisse
vers le bas et la croûte se déchire, c'est une faille
normale ; soit, par écrasement ou compression
de la croûte, le bloc passe par-dessus un autre
bloc, c'est une faille inversée ; soit enfin les deux
blocs coulissent dans deux directions opposées,
c'est une faille transformante.

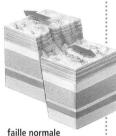

**faille normale**

**faille
transformante**

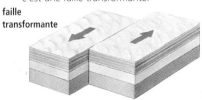

**faille inverse**

## Les vibrations d'un séisme

Les secousses d'un séisme partent du sous-sol, d'un point
appelé foyer et se répandent en cercles concentriques,
comme les ondulations produites par un caillou ricochant sur
l'eau. On constate les dégâts les plus importants à l'épicentre,
le point en surface directement situé au-dessus du foyer.

**En 1995, le séisme de Kobé, au Japon, a occasionné un véritable chaos.**

## Les dégâts d'un séisme

Un séisme peut faire écrouler des immeubles. Les glissements de terrain et les avalanches enfouissent tout sur leur passage. Un séisme sous-marin provoque des vagues sismiques, ou tsunamis. Elles déferlent sur la côte et progressent loin à l'intérieur des terres.

## Les ondes sismiques

Un séisme émet deux types d'ondes sismiques qui se propagent à partir du foyer. Les ondes P, rapides, et les ondes S, lentes, qui voyagent à l'intérieur de la Terre. Les ondes de surface (ondes de Love et ondes de Rayleigh) se propagent vite à la surface de la Terre.

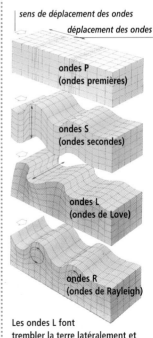

*sens de déplacement des ondes*

*déplacement des ondes*

ondes P
(ondes premières)

ondes S
(ondes secondes)

ondes L
(ondes de Love)

ondes R
(ondes de Rayleigh)

**Les ondes L font trembler la terre latéralement et verticalement. Ce sont elles qui provoquent le plus de dégâts.**

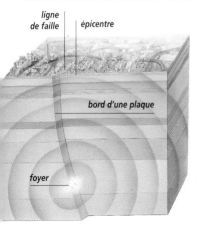

ligne de faille

épicentre

bord d'une plaque

foyer

# Le temps
# et le climat

En se formant, les masses de nuages
sont à l'origine d'une grande variété
de conditions atmosphériques.

# Les zones climatiques

**La chaleur du soleil provoque un déplacement d'air et d'eau autour du globe terrestre qui est à l'origine du temps. Le climat est le type de temps qu'il fait à un endroit de la Terre sur une longue période.**

### Les zones climatiques

La Terre possède trois grandes zones climatiques. Ce sont les tropiques chauds près de l'équateur, les régions polaires froides et les zones tempérées entre les deux. Les tropiques sont une zone chaude mais humide à cause de l'air chaud qui monte et se refroidit puis se transforme en nuages et en pluie. Les régions polaires sont encore plus froides car la neige et la glace renvoient davantage la chaleur du Soleil. Les zones tempérées connaissent des étés chauds et des hivers froids ; la pluie tombe tout au long de l'année. Chaque zone possède une végétation et une faune qui lui sont propres.

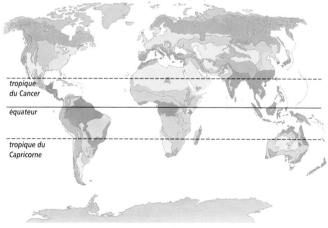

tropique du Cancer

équateur

tropique du Capricorne

## Les rayons du soleil

La Terre étant ronde, les tropiques sont plus chauffés que les pôles, car les rayons du soleil les frappent à la verticale. Près des pôles, les rayons frappent la Terre en décrivant un angle plus faible et se déploient; ce sont des régions beaucoup plus froides. Les régions intermédiaires sont tempérées.

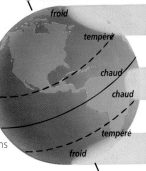

froid
tempéré
chaud
chaud
tempéré
froid

**régions polaires et toundra**
*froid et sec toute l'année*

**forêt nordique**
*hiver froid, été chaud*

**montagne**
*neige en altitude, chaud et humide plus bas*

**tempéré**
*doux et pluvieux toute l'année*

**méditerranéen**
*hiver doux, été chaud*

**prairie sèche**
*été chaud et sec, hiver neigeux*

**désertique**
*chaud et sec toute l'année*

**prairie tropicale**
*chaud toute l'année, saisons sèche et humide*

**forêt tropicale**
*chaud et humide toute l'année*

# Les vents

**Le vent est un courant d'air déclenché par le déplacement
de l'air des régions chaudes vers les régions froides. Ainsi,
l'air chaud monte au-dessus de l'équateur et se dirige vers
les pôles. L'air froid effectue le chemin inverse.**

## Les vents et la pression atmosphérique

Le poids de l'air au-dessus de la terre produit une force qui exerce une
pression vers le bas. Cette force s'appelle la pression atmosphérique. L'air
chaud monte parce qu'il est plus « léger » que l'air froid. À mesure qu'il se
déploie, ses particules se disséminent, créant une zone de basse pression.
L'air froid est plus « lourd » parce que ses particules sont plus proches les
unes des autres. Il tombe en exerçant une forte pression sur le sol et crée
une zone de haute pression. Les vents de surface naissent du déplacement
de l'air d'une zone de haute pression vers une zone de basse pression.

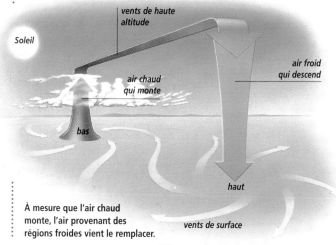

*vents de haute
altitude*

Soleil

*air froid
qui descend*

*air chaud
qui monte*

bas

*haut*

À mesure que l'air chaud
monte, l'air provenant des
régions froides vient le remplacer.

*vents de surface*

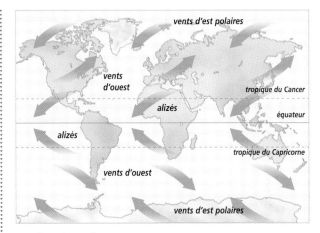

## Les directions du vent

Les vents se répartissent en trois ceintures, selon la direction dans laquelle ils soufflent. D'un hémisphère à l'autre, le schéma des vents s'inverse. Dans les régions tropicales, les vents qui soufflent vers l'équateur s'appellent les alizés. Les vents d'est polaires soufflent des pôles. Les vents d'ouest soufflent dans les régions tempérées.

## Les brises

Pendant la journée, la terre se réchauffe plus rapidement que la mer. À mesure que l'air chaud monte, l'air froid souffle en provenance de la mer. C'est la brise de mer. La nuit, le flux d'air change de direction car la mer se refroidit moins vite que la terre. Il va vers la mer, c'est la brise de terre.

73

# Fronts et masses d'air

**Lorsqu'une masse d'air est poussée par une autre, le temps change le long des limites ou fronts qui les séparent.**

## Les fronts chauds et froids

Lorsqu'une masse d'air froid rencontre une masse d'air chaud, elles ne se mélangent pas mais créent une limite appelée front. Celui-ci sépare les masses d'air de température différente. Au point de rencontre de deux masses d'air, on observe un temps orageux et instable au niveau des fronts. Dans un front chaud, l'air chaud se déplace pour remplacer l'air froid. Dans un front froid, l'air froid se déplace pour remplacer l'air chaud.

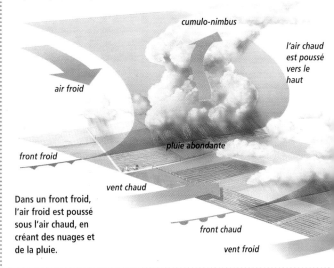

cumulo-nimbus

l'air chaud est poussé vers le haut

air froid

pluie abondante

front froid

vent chaud

**Dans un front froid, l'air froid est poussé sous l'air chaud, en créant des nuages et de la pluie.**

front chaud

vent froid

## Les masses d'air

Les masses d'air stagnent près de la surface de la Terre pendant des jours, voire des semaines. Leur type diffère selon leur « source », c'est-à-dire la région où elles se forment, principalement les pôles ou les tropiques.

*Une masse d'air maritime tropicale se forme au-dessus des mers chaudes (en haut).*
*Une masse d'air continentale polaire se forme au-dessus des régions froides, près des pôles.*

## Un front occlus

Un front froid qui se déplace vers un front chaud peut fusionner avec celui-ci. Si cela se produit, l'air froid pousse l'air chaud vers le haut, ce qui donne un front occlus. Il occasionne des nuages et de grosses pluies.

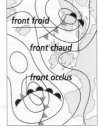

front froid
front chaud
front occlus

**Sur une carte météorologique, on utilise différents symboles pour figurer les fronts froid, chaud et occlus.**

l'air chaud monte

pluie

air froid

**Dans un front chaud, l'air chaud s'élève au-dessus de l'air froid. En montant, la vapeur d'eau que renferme l'air chaud se refroidit et se condense pour former des nuages et de la pluie.**

*sens de déplacement du front*

# Nuages et précipitations

Un nuage est une accumulation de minuscules gouttes d'eau ou cristaux de glace en suspension dans l'air. L'air est toujours humide, car il renferme un gaz appelé vapeur d'eau qui se condense en pluie ou en neige.

cirrus 12 km

cirro-stratus 10,5 km

**nuages de haute altitude**

cumulo-nimbus 9 km

cirro-cumulus

7,5 km

alto-stratus

6 km

**nuages de moyenne altitude**

alto-cumulus

4,5 km

strato-cumulus 3 km

**nuages de basse altitude**

cumulus 1,5 km

stratus

nimbo-stratus

niveau de la mer

### Les types de nuages

Les nuages se regroupent en trois familles : les cirrus (filaments), les cumulus (amas) et les stratus (couches). Les nuages de haute altitude sont constitués de cristaux de glace, ceux de moyenne altitude de gouttelettes d'eau et de cristaux de glace, les nuages de basse altitude sont uniquement composés de gouttelettes d'eau.

niveau de condensation : altitude à laquelle la vapeur d'eau se condense en gouttelettes d'eau

gouttelettes d'eau

formation de plus grosses gouttelettes

bruine    pluie

*niveau de condensation*

*formation d'un nuage*

*thermique*

*le vent chasse le nuage et de nouveaux nuages se forment*

*thermique*

*thermique*

## Formation

Une colline exposée au Soleil est plus chauffée que le terrain autour. Une grosse bulle d'air, appelée thermique ou courant ascendant, s'élève. En montant, l'air qu'elle renferme refroidit. La vapeur d'eau se condense ou se transforme en gouttelettes d'eau, puis un nuage se forme. Quand le vent chasse ce nuage, un nouveau nuage prend sa place.

**Les précipitations varient selon que le nuage renferme des cristaux de glace, des gouttelettes d'eau ou les deux.**

*cumulo-nimbus*

*gouttelettes d'eau et cristaux de glace*

*gouttelettes d'eau et cristaux de glace*

*neige sèche*

*grêle*

*neige mouillée*

*pluie* *grésil*

## Les précipitations

L'air à l'intérieur d'un nuage renferme des gouttelettes d'eau et des cristaux de glace qui grossissent et qui finissent par tomber. Le mot précipitation sert à désigner l'eau provenant de l'atmosphère et tombant au sol. Celle-ci prend diverses formes : liquide (en pluie) ou solide (en neige).

# Les tempêtes

**Les tempêtes sont des périodes de mauvais temps provoquées par la présence de vents forts et la formation d'énormes nuages. Un orage est un type de tempête qui engendre des éclairs et des coups de tonnerre.**

### À l'intérieur d'un nuage d'orage

Le tonnerre et les éclairs surviennent lorsque des amas d'électricité de charges différentes se forment à l'intérieur d'un nuage. De forts courants aériens provoquent des collisions entre des particules de glace et d'eau et créent de l'électricité statique qui, en se libérant, produit un éclair.

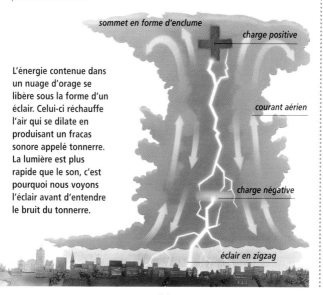

sommet en forme d'enclume

charge positive

courant aérien

charge négative

éclair en zigzag

L'énergie contenue dans un nuage d'orage se libère sous la forme d'un éclair. Celui-ci réchauffe l'air qui se dilate en produisant un fracas sonore appelé tonnerre. La lumière est plus rapide que le son, c'est pourquoi nous voyons l'éclair avant d'entendre le bruit du tonnerre.

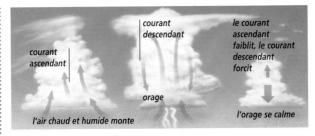

courant
descendant

le courant
ascendant
faiblit, le courant
descendant
forcit

courant
ascendant

orage

l'orage se calme

l'air chaud et humide monte

## Naissance et mort d'un orage

Un orage se forme à partir d'un petit cumulus lorsqu'il y a présence d'un courant ascendant d'air chaud et humide. Une précipitation survient, entraînant l'air dans sa chute pour créer un courant descendant. La collision entre les deux courants atmosphériques crée un orage, qui meurt lorsque le courant ascendant faiblit.

## Les types d'éclairs

Un éclair est une étincelle d'électricité géante qui jaillit d'un nuage. Il existe plusieurs types d'éclairs. Un éclair qui jaillit à l'intérieur d'un nuage est appelé éclair en nappe. S'il sort du nuage et touche le sol, on le qualifie d'éclair en zigzag. L'éclair en boule reste un mystère. Il apparaît soudain sous la forme d'une sphère et flotte dans l'atmosphère. On le voit parfois de l'intérieur d'un gratte-ciel ou d'un avion.

**Un éclair en zigzag comme celui-ci chauffe une étroite colonne d'air (5 cm de large environ) jusqu'à 30 000 °C en l'espace d'un instant.**

79

# Les ressources

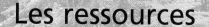

La Terre nous donne tout ce qui est nécessaire
à la vie – l'air pour respirer, l'eau pour boire
et la nourriture pour manger.

# L'air pour respirer

**Nos poumons inspirent de l'oxygène et expirent du gaz carbonique. Les feuilles vertes absorbent du gaz carbonique et rejettent de l'oxygène. Ainsi, l'air que nous respirons est recyclé en permanence.**

## Le cycle de l'oxygène

L'oxygène est un des gaz de l'atmosphère terrestre. Tous les organismes vivants en ont besoin pour survivre. L'oxygène est envoyé ou prélevé dans l'atmosphère selon un processus appelé cycle de l'oxygène. Les animaux inspirent de l'oxygène, c'est la respiration. Dans la journée, les végétaux rejettent de l'oxygène dans l'atmosphère, c'est la photosynthèse. Le cycle de l'oxygène ne s'arrête jamais.

Sans cesse, l'oxygène est prélevé puis rejeté dans l'atmosphère

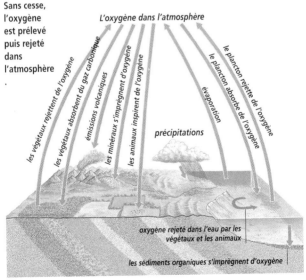

L'oxygène dans l'atmosphère

les végétaux rejettent de l'oxygène

les végétaux absorbent du gaz carbonique

émissions volcaniques

les minéraux s'imprègnent d'oxygène

les animaux inspirent de l'oxygène

le plancton rejette de l'oxygène

le plancton absorbe de l'oxygène

évaporation

précipitations

oxygène rejeté dans l'eau par les végétaux et les animaux

les sédiments organiques s'imprègnent d'oxygène

Les forêts tropicales humides, comme celle-ci en Colombie, sont des zones boisées extrêmement denses.

## La fabrication de l'oxygène par les forêts tropicales

Les forêts tropicales humides, peuplées d'arbres à feuillage persistant, se situent dans des régions à températures élevées qui reçoivent d'importantes chutes de pluie – au moins deux mètres par an – mais leur surface diminue rapidement à cause de la pollution et de l'activité destructrice de l'homme. Les feuilles vertes de la forêt utilisent la lumière du soleil pour transformer en nourriture le gaz carbonique présent dans l'atmosphère.

Aujourd'hui, les forêts tropicales (en vert) recouvrent moins de 10 % de la superficie de la Terre.

# L'eau pour boire

**Tous les organismes vivants ont besoin d'eau pour survivre. Celle-ci tombe du ciel, remplit les rivières et les lacs puis s'écoule dans la mer. Une fois purifiée, l'homme peut la boire sans aucun danger.**

## Le cycle de l'eau

Le Soleil chauffe l'eau à la surface de la Terre et la transforme en un gaz invisible, la vapeur d'eau. Ce processus est appelé évaporation. La vapeur d'eau monte. En s'élevant dans l'atmosphère, l'air refroidit et la vapeur d'eau se transforme en gouttelettes d'eau liquide. Ce processus est appelé condensation. L'eau condensée forme des nuages. Lorsque l'eau tombe des nuages, elle revient à la surface de la Terre ; ainsi se termine le cycle de l'eau. La quantité d'eau sur Terre reste toujours la même car elle est constamment recyclée.

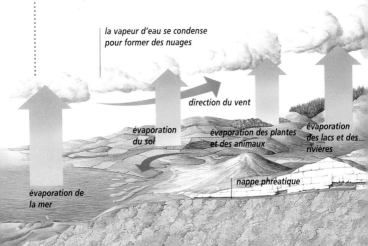

*la vapeur d'eau se condense pour former des nuages*

*direction du vent*

*évaporation du sol*

*évaporation des plantes et des animaux*

*évaporation des lacs et des rivières*

*nappe phréatique*

*évaporation de la mer*

### L'eau potable

L'eau potable provient de sources diverses : lacs, rivières et puits. Elle est acheminée par des conduits et des aqueducs vers les stations d'épuration où elle est filtrée à travers plusieurs couches de graviers et de sable. À la sortie de ces filtres, elle est débarrassée de ses impuretés et propre à la consommation. C'est de l'eau potable.

Une station d'épuration traite l'eau et la rend potable.

À cause des courants d'air et des tendances climatiques, l'eau qui s'évapore à un certain endroit retombe en pluie beaucoup plus loin.

l'eau tombe des nuages en pluie, en grêle ou en neige

l'eau s'écoule en cours d'eau

l'eau s'infiltre dans la roche

### L'eau de mer

L'eau de mer renferme plusieurs minéraux. Les plus abondants sont le sodium et le chlore qui, à eux deux, composent le sel. Un litre d'eau de mer contient en moyenne 30 g de sel. Le processus de dessalement permet de retirer le sel de l'eau de mer et d'obtenir de l'eau potable.

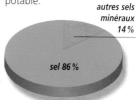

autres sels minéraux 14 %

sel 86 %

le sel est le composant minéral le plus important de l'eau de mer.

# Le feu, source d'énergie

**Le charbon, le pétrole et le gaz naturel sont des combustibles fossiles, car ils sont issus des restes d'anciens végétaux et animaux transformés. Ces sources d'énergies sont génératrices de lumière et de chaleur.**

| les végétaux morts se transforment en tourbe | la tourbe se transforme en lignite | sous la pression, du charbon bitumineux se forme | une veine d'anthracite finit par apparaître |

## La formation du charbon

Le charbon est une substance minérale noire issue de restes de végétation ancienne. En mourant, les végétaux ont sombré dans des marécages dans lesquels, grâce à l'absence d'oxygène, ils n'ont pas pourri. Ils se sont transformés en une substance fibreuse appelée tourbe. Sous la pression, les couches de tourbe se sont changées en lignite, puis en charbon bitumineux qui, par endroits, est devenu de l'anthracite. On extrait ces deux variétés de charbon.

## La formation du pétrole et du gaz

Le pétrole et le gaz naturel sont apparus au fond de la mer il y a des millions d'années. Lorsque les minuscules organismes vivants marins sont morts, ils sont tombés au fond de l'eau et ont été recouverts de sédiments qui se sont transformés en roche. Sous l'intensité de la pression, ce matériau compressé a été transformé en pétrole et en gaz. Tous deux sont remontés lentement pour former de grandes poches ou gisements.

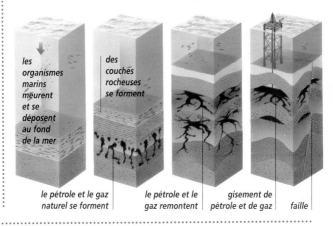

les organismes marins meurent et se déposent au fond de la mer

des couches rocheuses se forment

*le pétrole et le gaz naturel se forment*

*le pétrole et le gaz remontent*

*gisement de pétrole et de gaz*

*faille*

## L'extraction des combustibles

On extrait les combustibles fossiles en exploitant des forages et des mines. À terre, on extrait le charbon situé à une grande profondeur en creusant des tunnels verticaux appelés puits. En surface, on creuse des tunnels horizontaux appelés galeries ou bien on creuse à ciel ouvert. Pour extraire le pétrole et le gaz, on fore des puits de forage à terre et en mer.

**Un forage comme celui-ci est ancré au fond de la mer pour extraire du pétrole ou du gaz.**

# Biosphère de la Terre

**La vie existe dans le ciel, sur terre et en mer. Chaque milieu fournit un habitat différent; ceux-ci réunis constituent la biosphère de la Terre.**

## Les écosystèmes

Les écosystèmes sont des unités de la biosphère. Ils sont constitués de communautés d'organismes vivants – végétaux et animaux – et de leur environnement.

**Une forêt tropicale humide et toutes les espèces animales et végétales qui la peuplent forment un écosystème.**

### Les habitats et les niches

Les habitats et les niches sont de petites unités de la biosphère de la Terre. Les habitats sont les milieux naturels dans lesquels vivent les végétaux et les animaux. Par exemple, les grottes, les lacs, les montagnes, les forêts et les océans sont des habitats. Une niche est la position occupée par un organisme vivant au sein d'un écosystème. C'est le lieu d'habitation d'une plante ou d'un animal ainsi que la manière dont il mène sa vie.

**Au sein de l'écosystème d'une forêt tropicale, différentes espèces de végétaux et d'animaux partagent les mêmes habitats.**

### L'expérience « Biosphère »

Pour le projet « Biosphère » du début des années 1990, sept écosystèmes (comprenant une forêt tropicale humide, un océan, un désert) ont été reconstitués à petite échelle à l'intérieur d'une immense sphère hermétique. Huit êtres humains ont vécu deux ans à l'intérieur de cette biosphère, étudiant le fonctionnement des systèmes vivants de la Terre, leurs interactions et les incidences de la présence humaine.

**L'écosystème de la forêt tropicale créé pour le projet « Biosphère » aux États-Unis.**

# Une planète précieuse

**Les hommes d'aujourd'hui ont modifié l'environnement fragile de la Terre. La température monte et l'air se charge d'émanations mortelles. À l'heure actuelle, les scientifiques cherchent des moyens pour protéger la Terre dans l'avenir.**

## La pollution nuit à la planète

La pollution est tout ce qui nuit à l'environnement. La fumée et les gaz d'échappement qui se répandent dans l'atmosphère, les substances chimiques rejetées dans les océans et les rivières et les pesticides vaporisés à la surface du globe, tous sont des agents polluants. En brûlant, le pétrole et le charbon émettent des gaz toxiques qui polluent l'air et qui, en se mélangeant à la vapeur d'eau, s'immiscent dans le cycle de l'eau. Les gouttelettes d'eau qui se forment renferment des acides nocifs et tombent en pluie acide qui détériore la terre, empoisonne les lacs, pourrit la roche et tue les plantes et les arbres.

**Le pétrole répandu en mer pollue les océans et détruit la faune et la flore. Il flotte à la surface de l'eau et colle aux plumes des oiseaux.**

## Le réchauffement planétaire

Au cours du XXᵉ siècle, la température de la Terre a augmenté d'une fraction de degré chaque année. On appelle cela le réchauffement planétaire. Il est dû à l'apparition de certains gaz dans l'atmosphère. Ceux-ci entourent la planète et contribuent à l'effet de serre, car ils emprisonnent la chaleur et l'empêchent de se rediffuser dans l'espace. Ces gaz renvoient la chaleur vers la Terre : la température monte, les océans se réchauffent et la glace fond dans les régions polaires.

**Les gaz à effet de serre proviennent de certains aérosols et de vieux réfrigérateurs.**

**Les gaz à effet de serre proviennent de la combustion des forêts et des combustibles fossiles.**

**Les gaz à effet de serre proviennent des engrais et des pots d'échappement des voitures.**

**Les rejets de la faune, les marécages, les ordures et la végétation en décomposition, les conduites de gaz sont à l'origine des gaz à effet de serre.**

*lumière solaire*

*chaleur qui s'échappe dans l'espace*

*lumière solaire réfléchie par les nuages*

*chaleur emprisonnée par les gaz à effet de serre*

*chaleur renvoyée par les nuages*

*lumière solaire réfléchie par la surface de la terre*

*chaleur provenant de la terre*

**Les gaz à effet de serre emprisonnent la chaleur et font monter la température de la Terre.**

# Cartes, mesures et exploration

Vus de l'espace, la Terre,
ses océans et ses continents offrent
des contours clairement définis.

# Cartographie de la Terre

**Les cartes permettent de consigner toutes les informations disponibles sur la Terre, de la taille et la forme des continents jusqu'à la localisation des moindres collines.**

*ligne de longitude*

*ligne de latitude*

## Latitude et longitude

Les lignes de latitude et de longitude sont des cercles imaginaires tracés autour du globe qui permettent de dessiner plus facilement les cartes et de situer les lieux avec précision. Les lignes de latitude (ou parallèles) sont parallèles à l'équateur. Les lignes de longitude (ou méridiens) passent par les deux pôles et sont perpendiculaires à l'équateur.

**Un compas sert à orienter correctement une carte en alignant l'aiguille magnétique sur le nord, en haut de la carte.**

*équateur*

**Pour effectuer une projection cylindrique, il faut imaginer que la Terre est enveloppée d'un cylindre de papier.**

## Projections cartographiques

Une projection cartographique permet aux cartographes de représenter la surface incurvée de la Terre sur une carte plane. Aucune projection n'est parfaite, car chacune modifie ou distord les véritables formes et dimensions des continents et des océans.

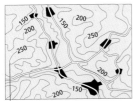

*courbe de niveau*

Une carte hypsométrique utilise les courbes de niveau pour montrer l'altitude d'un lieu.

## Les différents types de cartes

Des lignes imaginaires, appelées courbes de niveau, figure le relief d'un lieu sur une carte en reliant tous les endroits situés à une même altitude au-dessus du niveau de la mer. Une carte géologique montre par la couleur l'étendue et la localisation des diverses roches : sable, argile, craie, calcaire, granite, etc.

☐ alluvions
☐ argile sablonn.
☐ argile
☐ calcaire
☐ granite

Une carte géologique utilise la couleur.

## L'usage de la photographie infrarouge

Les images satellites de la Terre affichent parfois des couleurs qui sont irréelles. Cette technique, appelée photographie infrarouge, se révèle utile pour consigner certains types de données sur une

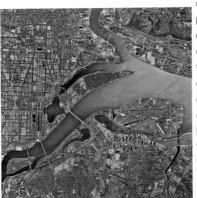

carte. On l'emploiera, par exemple, pour effectuer des clichés d'une région désertique et montrer ainsi dans quelle mesure et à quelle vitesse avance le désert.

**Photographie infrarouge de Washington, D.C. Les points « chauds », en rose et en rouge, indiquent la présence de grandes quantités d'énergie.**

# La Terre sous haute surveillance

**On surveille la Terre tous les jours, toutes les minutes. Des appareils installés au sol, en mer, dans le ciel et sous terre mesurent l'état de notre planète, en constante évolution.**

## Prévoir le temps

Dans tous les pays, les conditions météorologiques à la surface du globe sont enregistrées à certains moments de la journée à l'aide d'instruments qui mesurent la température, le niveau de précipitations, la pression atmosphérique, la vitesse du vent, la quantité de soleil et d'humidité. Dans les régions inhabitées, des stations météorologiques recueillent et transmettent automatiquement ces renseignements.

*un abri à thermomètres protège les instruments météorologiques de la lumière directe et de la chaleur*

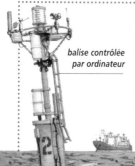

*balise contrôlée par ordinateur*

## Balises météorologiques en mer

Une balise est une plate-forme flottante ancrée au fond de la mer. Une balise météorologique sert à recueillir des données sur la vitesse du vent, la hauteur des vagues ainsi que sur la température de l'air et de la mer. Ces renseignements sont ensuite transmis à des navires et à des stations météorologiques.

## Les ballons-sondes

Certains événements se produisant dans l'atmosphère ont une incidence sur le temps qu'il fait. Pour effectuer des mesures de température, de pression atmosphérique et d'humidité, on envoie dans le ciel des ballons météorologiques pleins de gaz. Ils transportent des instruments de mesure appelés radiosondes qui transmettent des renseignements aux stations météorologiques installées au sol.

**Un ballon-sonde met une heure pour s'élever de 20 km.**

*radiosonde*

**Les sismographes détectent les secousses sismiques et les enregistrent sur papier (ci-dessous).**

## Mesurer les séismes

On utilise un sismographe pour enregistrer et mesurer les secousses sismiques. Lorsque la terre tremble, cet instrument détecte les secousses qui se déplacent en sous-sol et les enregistre sur du papier ou dans un ordinateur. Le tracé effectué par un sismographe est appelé sismogramme et permet de localiser un séisme et de mesurer son ampleur.

# Une Terre en évolution

**Notre connaissance de la Terre reste incomplète.
La découverte de nouveaux moyens d'exploration
révèle son état actuel, et d'autres nous la révèlent
telle qu'elle était il y a très longtemps.**

## L'exploration par satellite

Les satellites qui naviguent autour de la Terre prennent des clichés
qui éclairent la Terre d'un jour nouveau. Les contours des continents,
l'emplacement des chaînes montagneuses, des cours d'eau et des
lacs apparaissent distinctement. Ces images permettent de cartographier avec précision les formes des continents et des océans du
globe. Certains satellites météorologiques surveillent le temps qu'il
fait et enregistrent son évolution jour après jour.

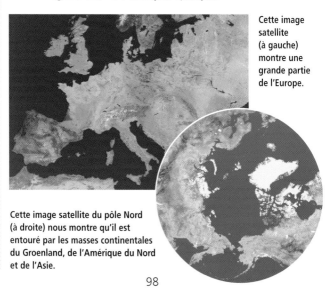

Cette image
satellite
(à gauche)
montre une
grande partie
de l'Europe.

Cette image satellite du pôle Nord
(à droite) nous montre qu'il est
entouré par les masses continentales
du Groenland, de l'Amérique du Nord
et de l'Asie.

## Une mémoire de glace

L'histoire du climat de la Terre pendant des milliers d'années est enregistrée dans la calotte glaciaire de l'Antarctique. Les carottes de glace prélevées en profondeur permettent de situer dans le temps les variations climatiques que la Terre a connues.

**La poussière volcanique trouvée dans la glace révèle la fréquence des éruptions.**

## L'exploration sous-marine

En explorant les fonds marins, les scientifiques découvrent de nouveaux secrets sur la Terre. Des véhicules sous-marins, avec ou sans équipage, analysent les dépôts minéraux, dessinent les cartes des fosses océaniques et d'autres reliefs sous-marins. Ils rencontrent également de nouvelles formes de vie capables de survivre à de grandes profondeurs dans l'obscurité totale.

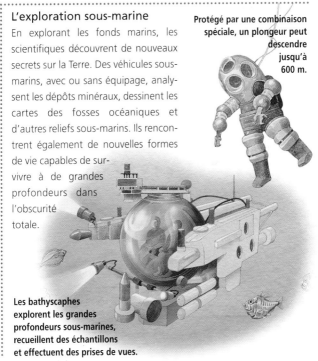

**Protégé par une combinaison spéciale, un plongeur peut descendre jusqu'à 600 m.**

**Les bathyscaphes explorent les grandes profondeurs sous-marines, recueillent des échantillons et effectuent des prises de vues.**

# Faits et chiffres

La Terre est une planète aux réalités surprenantes,
de la plus haute montagne à la plus profonde
des fosses sous-marines, de la plus calme
des brises au plus dévastateur des ouragans.

# La Terre
# en tableaux

Ce chapitre constitue un recueil de renseignements, présentés sous formes de tableaux, sur la Terre, ses continents, ses océans et son ciel.

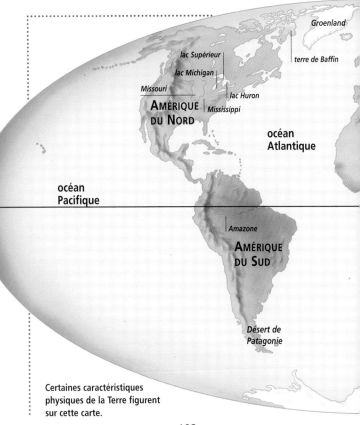

Groenland

terre de Baffin

lac Supérieur

lac Michigan

Missouri

AMÉRIQUE
DU NORD

lac Huron

Mississippi

océan
Atlantique

océan
Pacifique

Amazone

AMÉRIQUE
DU SUD

Désert de
Patagonie

Certaines caractéristiques
physiques de la Terre figurent
sur cette carte.

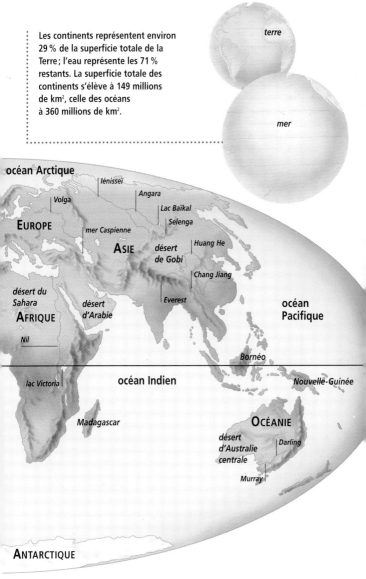

Les continents représentent environ 29 % de la superficie totale de la Terre ; l'eau représente les 71 % restants. La superficie totale des continents s'élève à 149 millions de km², celle des océans à 360 millions de km².

terre

mer

océan Arctique

lénisseï

Volga

Angara

Lac Baïkal

EUROPE

mer Caspienne

Selenga

ASIE

désert
de Gobi

Huang He

désert du
Sahara

désert
d'Arabie

Chang Jiang

Everest

océan
Pacifique

AFRIQUE

Nil

Bornéo

lac Victoria

océan Indien

Nouvelle-Guinée

Madagascar

OCÉANIE

désert
d'Australie
centrale

Darling

Murray

ANTARCTIQUE

L'Antarctique, un continent recouvert de glace, est la région la moins peuplée de la planète. C'est un endroit d'une rare beauté naturelle, protégé par une convention internationale.

## CONTINENT

| Continent | Superficie | % du total | Point le plus élevé |
|-----------|-----------|-----------|---------------------|
| Asie | 44 493 000 km² | 29,5 | Everest 8 848 m |
| Afrique | 30 293 000 km² | 20,2 | Kilimandjaro 5 895 m |
| Amérique du N. | 24 454 000 km² | 16,3 | McKinley 6 194 m |
| Amérique du S. | 17 838 000 km² | 11,9 | Aconcagua 6 959 m |
| Antarctique | 13 975 000 km² | 9,3 | Vinson 5 140 m |
| Europe | 10 245 000 km² | 6,8 | Elbrouz 5 642 m |
| Océanie/Austr. | 8 945 000 km² | 6 | Puncak Jaya 5 030 m |

Avant que son altitude ne soit mesurée, en 1852, l'Everest était connu des topographes sous le nom de Pic XV. Il tient son nom actuel de Sir George Everest, directeur du service géodésique de l'Inde.

## MONTAGNES LES PLUS ÉLEVÉES DE LA TERRE

| Montagne | Chaîne montagneuse | Altitude |
|----------|--------------------|---------| 
| Everest | Himalaya | 8 848 m |
| K2 | Himalaya | 8 611 m |
| Kangchenjunga | Himalaya | 8 598 m |
| Lho-Tse | Himalaya | 8 501 m |
| Makalu I | Himalaya | 8 470 m |

## GLACIERS LES PLUS LONGS DE LA TERRE

| Glacier | Situation | Longueur |
|---|---|---|
| Lambert-Fisher | Antarctique | 515 km |
| Novaya Zemlya | Russie | 418 km |
| Arctic Institute | Antarctique | 362 km |
| Nimrod-Lennox-King | Antarctique | 290 km |
| Denman | Antarctique | 241 km |

Les cactus sont des plantes qui poussent dans les zones sèches comme les déserts. Leurs fleurs sont souvent grosses et très colorées.

## DÉSERTS LES PLUS VASTES DE LA TERRE

| Désert | Situation | Superficie |
|---|---|---|
| Sahara | Afrique du Nord | 9 000 000 km² |
| Arabie | Asie | 2 330 000 km² |
| Gobi | Asie | 1 166 000 km² |
| Patagonie | Amérique du Sud | 673 000 km² |
| Australie | Australie | 647 000 km² |

## GOUFFRES LES PLUS PROFONDS DE LA TERRE

| Gouffre | Pays | Profondeur |
|---|---|---|
| Lamprechtsofen-Verlorenen Weg Schacht | Autriche | 1 632 m |
| Gouffre Mirolda (Lucien Bouclier) | France | 1 610 m |
| Réseau Jean Bernard | France | 1 602 m |
| Vjacheslav Pantjukhina | Géorgie | 1 508 m |
| Sistema Huautla | Mexique | 1 475 m |

Les éruptions volcaniques se mesurent à l'aide d'une échelle VE (Volcanic Event). Elles sont cotées de 0 à 8, selon la quantité de cendres rejetée par le volcan. On compte environ deux éruptions de niveau 8 tous les 100 000 ans. Ces dernières 10 000 années, quatre éruptions de niveau 7 sont comptabilisées.

## ÉCHELLE VE

| Niv. | Description | Hauteur de cendres | Quantité de cendres rejetées |
|---|---|---|---|
| 0 | Non explosive | inf. à 100 m | milliers de m³ |
| 1 | Faible | 100 à 1 000 m | dizaines de milliers de m³ |
| 2 | Explosive | 1 à 5 km | millions de m³ |
| 3 | Violente | 3 à 15 km | dizaines de millions de m³ |
| 4 | Cataclysmique | 10 à 25 km | centaines de millions de m³ |
| 5 | Paroxystique | sup. 25 km | un km³ |
| 6 | Colossale | sup. 25 km | des dizaines de km³ |
| 7 | Super-colossale | sup. 25 km | centaines de km³ |
| 8 | Méga-colossale | sup. 25 km | milliers de km³ |

## ÉRUPTIONS VOLCANIQUES MAJEURES

| Volcan et pays | Éruption | Niveau |
|---|---|---|
| **Tambora,** Indonésie | 1815 | 7 |
| **Santorin,** Grèce | vers 1470 av J.-C. | 6 |
| **Krakatoa,** Indonésie | 1883 | 6 |
| **Santa Maria,** Guatemala | 1902 | 6 |
| **St. Helens,** États-Unis | 1980 | 5 |
| **Pinatubo,** Philippines | 1991 | 5 |

## ÉCHELLE MACROSISMIQUE EUROPÉENNE (EMS)

| D.I. | Caractéristiques (D.I. = degré d'intensité) |
|------|---------------------------------------------|
| I | Non ressenti |
| II | Ressenti par quelques personnes. |
| III | Ressenti dans les habitations, les objets suspendus oscillent. |
| IV | Les fenêtres et les portes vibrent. |
| V | Les petits objets tombent, les portes bougent. |
| VI | Les meubles glissent, les vitres se brisent, les arbres s'agitent. |
| VII | Perte d'équilibre, dégâts aux maisons, glissement de terrain. |
| VIII | Chute de cheminées, branches arrachées. |
| IX | Le sol se fissure, les conduits souterrains se déchirent. |
| X | Les immeubles s'effondrent, inondations. |
| XI | Destruction à grande échelle, chute de ponts. |
| XII | Dévastation totale, déplacement de gros rochers. |

L'échelle macrosismique européenne est utile là où l'accès aux relevés des sismographes est impossible. L'échelle de Richter, graduée de 0 à 8,9, mesure la magnitude d'un séisme. Chaque niveau est dix fois plus fort que le précédent. Aucun séisme de magnitude supérieure à 8,9 n'a encore été enregistré.

## ÉCHELLE DE RICHTER

| Niveau | Puissance |
|--------|-----------|
| 0 à 4,3 | faible |
| 4,4 à 4,8 | modérée |
| 4,9 à 6,2 | intermédiaire |
| 6,3 à 7,3 | violente |
| 7,4 à 8,9 | catastrophique |

## SÉISMES RECORDS

| Niveau de Richter | Lieu | Date |
|-------------------|------|------|
| 8,9 | **Colombie** | 1906 |
| 8,9 | **Japon,** Morioka | 1933 |
| 8,75 | **Portugal,** Lisbonne | 1755 |
| 8,7 | **Inde,** Assam | 1897 |
| 8,5 | **É.-U.,** Alaska | 1964 |
| 8,3–8,6 | **É.-U.,** Alaska | 1899 |
| 8,3 | **Bolivie** | 1994 |
| 8,0–8,3 | **É.-U.,** Missouri | 1811 |
| 8,2 | **Chine,** Tangshan | 1976 |
| 8,1 | **Mexique,** Mexico City | 1985 |
| 7,8 | **Turquie** | 1999 |
| 7,7–8,25 | **É.-U.,** San Francisco | 1906 |

## LES OCÉANS DE LA TERRE

| Océan | Superficie | Profondeur moy. |
|---|---|---|
| Pacifique | 166 242 500 km² | 4 188 m |
| Atlantique | 86 557 800 km² | 3 735 m |
| Indien | 73 427 795 km² | 3 872 m |
| Arctique | 13 230 000 km² | 1 038 m |

## FOSSES OCÉANIQUES RECORDS

| Fosse | Océan | Profondeur |
|---|---|---|
| Mariannes | Pacifique | 10 924 m |
| Tonga | Pacifique | 10 800 m |
| Philippines | Pacifique | 10 497 m |
| Kermadec | Pacifique | 10 047 m |
| Bonin | Pacifique | 9 994 m |

La fosse des Mariannes, près de l'île de Guam.

## ÉCHELLE DE LA MER ET DES VAGUES

| Chiffre | État de la mer | Hauteur des vagues |
|---|---|---|
| 0 | Lisse comme un miroir | 0 m |
| 1 | Calme, vaguelettes, les crêtes ne déferlent pas | 0 à 0,3 m |
| 2 | Ridée, grosses vaguelettes, quelques moutons blancs | 0,3 à 0,6 m |
| 3 | Agitée, petites vagues, moutons blancs fréquents | 0,6 à 1,2 m |
| 4 | Très agitée, grosses vagues, nombreux moutons blancs | 1,2 à 2,4 m |
| 5 | Forte, grosses vagues, embruns | 2,4 à 4 m |
| 6 | Très forte, vagues hautes, crêtes d'écume blanche | 4 à 6 m |
| 7 | Grosse, vagues très hautes, rouleaux | 6 à 9 m |
| 8 | Très grosse, vagues exceptionnellement hautes, écume | 9 à 14 m |
| 9 | Énorme, mer complètement blanche, écume, embruns | plus de 14 m |

## ÎLES LES PLUS GRANDES

| Île | Océan | Superficie |
|---|---|---|
| Groenland | Atlantique et Arctique | 2 131 600 km² |
| Nouvelle-Guinée | Pacifique | 790 000 km² |
| Bornéo | Pacifique | 737 000 km² |
| Madagascar | Indien | 587 000 km² |
| Terre de Baffin | Arctique | 508 000 km² |

Les icebergs se détachent des glaciers
le long de la côte du Groenland.

## FLEUVES LES PLUS LONGS

| Fleuve | Pays | Longueur |
|---|---|---|
| Nil | Tanzanie/Ouganda/Soudan/Égypte | 6 670 km |
| Amazone | Pérou/Brésil | 6 440 km |
| Chang Jiang | Chine | 6 379 km |
| Mississippi-Missouri | États-Unis | 5 971 km |
| Iénisseï-Angara-Selenga | Mongolie/Russie | 5 540 km |
| Huang He (fleuve Jaune) | Chine | 5 464 km |

Fleuves les plus longs
de chaque continent.

Nil, Afrique
Amazone, Amérique du Sud
Chang Jiang, Asie
Mississippi-Missouri, Amérique du Nord
Murray-Darling, Océanie/Australie (3 750 km)
Volga, Europe (3 531 km)

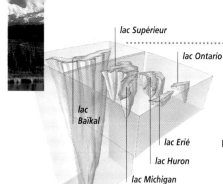

lac Supérieur

lac Ontario

lac Baïkal

lac Erié

lac Huron

lac Michigan

Le lac Baïkal (1637 m de profondeur) est le lac le plus profond du monde. Il est quatre fois plus profond que le lac Supérieur, le plus profond des cinq Grands Lacs.

## LACS LES PLUS VASTES DU MONDE

| Lac | Lieu | Superficie moyenne | Profondeur moyenne |
|---|---|---|---|
| Mer Caspienne | Asie | 372 000 km² | 995 m |
| Lac Supérieur | Amérique du Nord | 82 103 km² | 405 m |
| Lac Victoria | Afrique | 69 485 km² | 82 m |
| Lac Huron | Amérique du Nord | 59 570 km² | 229 m |
| Lac Michigan | Amérique du Nord | 57 757 km² | 281 m |

## CHUTES D'EAU LES PLUS HAUTES

| Chutes | Pays | Hauteur |
|---|---|---|
| Salto Angel | Venezuela | 979 m |
| Tugela | Afrique du Sud | 947 m |
| Utigård | Norvège | 800 m |
| Mongefossen | Norvège | 774 m |
| Yosemite | États-Unis | 739 m |

La chute de Salto Angel se forme à l'endroit où le Rio Churun franchit une brusque dénivellation.

# ÈRES GÉOLOGIQUES DE LA TERRE

| Ère | Période | Époque | Début (il y a...) |
|---|---|---|---|
| Cénozoïque (vie récente) | Quaternaire | Holocène | 10 000 ans |
| | | Pléistocène | 1,6 million d'années |
| | Tertiaire | Pliocène | 5 millions d'années |
| | | Miocène | 23 millions d'années |
| | | Oligocène | 35 millions d'années |
| | | Éocène | 56 millions d'années |
| | | Paléocène | 65 millions d'années |
| Mésozoïque (vie intermédiaire) | Crétacé | – | 146 millions d'années |
| | Jurassique | – | 208 millions d'années |
| | Trias | – | 250 millions d'années |
| Paléozoïque (vie ancienne) | Permien | – | 290 millions d'années |
| | Carbonifère | – | 362 millions d'années |
| | Dévonien | – | 408 millions d'années |
| | Silurien | – | 439 millions d'années |
| | Ordovicien | – | 510 millions d'années |
| | Cambrien | – | 550 millions d'années |
| | Précambrien | – | 4,5 milliards d'années |

Les dinosaures ont vécu et disparu pendant l'ère mésozoïque de l'histoire de la Terre.

# Glossaire

**abrasion** Usure d'une partie de la surface de la Terre.

**alizé** Vent régulier des tropiques soufflant du nord-est dans l'hémisphère nord et du sud-ouest dans l'hémisphère sud.

**atmosphère** Couche gazeuse qui enveloppe la Terre.

**atoll** Récif corallien en forme d'anneau entourant un lagon de faible profondeur.

**aurore** Déploiement de rideaux corolés de lumières dans le ciel des régions de haute latitude près des pôles magnétiques de la Terre.

**axe** Ligne imaginaire autour de laquelle tourne la Terre et qui la traverse du pôle Nord au pôle Sud.

**biosphère** Ensemble des habitats de la Terre.

**calotte glaciaire** Épaisse couche de glace recouvrant une étendue de terre dans les régions polaires.

**canyon** Gorge ou ravin étroit creusé par un cours d'eau.

**carotte glaciaire** Échantillon de glace prélevé dans la banquise servant à effectuer des analyses scientifiques.

**champ magnétique** Force invisible qui entoure la Terre de magnétisme.

**climat** Le type de temps que connaît un endroit de la Terre pendant une période donnée.

**combustible fossile** Combustible naturel, comme le charbon, le pétrole ou le gaz, issu de débris de matériaux organiques.

**continent** Vaste étendue de terre délimitée par un ou plusieurs océans.

**croûte** Écorce rocheuse qui forme une « peau » mince à la surface de la Terre.

**cristaux** Minéraux aux formes caractéristiques.

**delta** Amoncellement de sable et de limon à l'estuaire d'un fleuve, là où celui-ci ralentit sa course et dépose son chargement quand il se jette dans un lac ou un océan.

**dérive des continents** Lent déplacement des continents autour du globe.

**désert** Région qui reçoit peu ou pas du tout de pluie.

**dorsale médio-océanique** Chaîne montagneuse située au fond de l'océan.

**dune** Colline de sable.

**écosystème** Communauté formée par les organismes vivants et leur environnement.

**effet de serre** Réchauffement de la Terre dû à l'émission de certains gaz dans l'atmosphère.

**épicentre** Point à la surface de la Terre situé directement au-dessus du foyer d'un séisme.

**équateur** Ligne imaginaire qui divise la Terre en deux hémisphères.

**érosion** Usure et transformation des roches par l'eau, le vent et la glace.

**évaporation** Processus selon lequel un liquide se transforme en vapeur d'eau ou en gaz lorsqu'il est chauffé.

**faille** Fissure dans l'écorce terrestre.

**fjord** Golfe long et étroit s'enfonçant profondément dans l'intérieur des terres.

**fosse océanique** Trou profond creusé dans le plancher océanique.

**fossile** Débris ou empreinte d'un animal ou d'une plante conservé dans la roche.

**foyer** Point de départ d'un séisme.

**front** Frontière entre deux masses d'air de température différente.

**fumerolle** Trou dans l'écorce terrestre qui laisse échapper des gaz et de la vapeur d'eau.

**fumeur noir** Accumulation de minéraux en forme de cheminée qui apparaît sur le plancher océanique et d'où jaillit de l'eau bouillante.

**galaxie** Vaste amas d'étoiles, de gaz et de poussière dans l'espace, agglomérés sous l'effet de la gravitation.

**geyser** Source naturelle d'où jaillissent de grandes gerbes d'eau chaude et de vapeur.

**glacier** Masse de glace constituée de neige compressée et qui subit un lent déplacement.

**habitat** Milieu dans lequel vit un animal, y compris le climat, l'eau et la végétation.

**hémisphère** Moitié d'une sphère. La Terre est divisée en deux hémisphères par l'équateur : l'hémisphère nord et l'hémisphère sud.

**iceberg** Bloc de glace qui flotte dans la mer.

**latitude (lignes de)** Lignes imaginaires tracées autour du globe parallèles à l'équateur.

**lave** Roche en fusion venue de l'intérieur d'un volcan qui se solidifie lorsqu'elle refroidit.

**longitude (lignes de)** Lignes imaginaires tracées autour du globe reliant le pôle Nord au pôle Sud.

**magma** Roche en fusion qui se forme à l'intérieur du manteau de la Terre.

**magnétosphère** Espace autour de la Terre occupé par le champ magnétique terrestre.

**manteau** Couche rocheuse située à l'intérieur de la Terre, entre le noyau et la croûte.

**marée** Mouvement de va-et-vient de la mer dû à l'attraction de la Lune et qui se produit deux fois par jour.

**méandre** Boucle décrite par un cours d'eau.

**minerai** Type de minéral d'où l'on extrait des métaux.

**minéral** Élément naturel constituant de l'écorce terrestre qui a une composition chimique définie et ne provient pas d'animaux ou de végétaux.

**moraine** Amas de gros galets, de débris de roches et d'argile charrié par un glacier.

**niche** Mode de vie mené par un organisme vivant dans un habitat défini.

**niveau hydrostatique** Niveau dans le sol au-dessous duquel celui-ci est saturé d'eau.

**noyau** Centre de la Terre composé de métal.

**oasis** Zone humide au milieu d'un désert où le niveau hydrostatique atteint la surface.

**onde sismique** Onde de choc émise par le foyer d'un séisme.

**photosynthèse** Processus selon lequel les végétaux utilisent la lumière solaire pour fabriquer leur nourriture et rejettent de l'oxygène dans l'atmosphère.

**plaque** Un des pavés de roche géants qui constitue l'écorce terrestre.

**plateau continental** Partie du plancher océanique la plus proche des continents.

**plaine abyssale** Immense zone plate du plancher océanique.

**pluie acide** Pluie qui renferme des substances chimiques nocives donc plus acide qu'à l'accoutumée.

**pôles** Les deux extrémités de l'axe de la Terre.

**pôle magnétique** Une des deux extrémités du champ magnétique de la Terre.

**précipitation** Chute d'eau provenant de l'atmosphère qui

arrive au sol sous forme de pluie, de grêle ou de neige.

**projection cartographique** Manière de représenter la surface courbe de la Terre sur une carte plane.

**pyroclaste** Fragment de roche provenant d'éruptions volcaniques.

**radiosonde** Instrument servant à recueillir et à transmettre les données contenues dans l'atmosphère ou dans le milieu sous-marin.

**réchauffement** planétaire Réchauffement de l'atmosphère dû à la pollution.

**rift** Vallée qui se crée au niveau d'une fissure entre deux plaques de la croûte terrestre.

**roche ignée** Roche formée par le refroidissement et le durcissement du magma ou de la lave chaude liquide.

**roche métamorphique** Roche qui se forme lorsque les roches ignées ou sédimentaires subissent des pressions ou des chaleurs très fortes.

**roche sédimentaire** Roche constituée de débris d'autres roches.

**sédiment** Débris de roches charriés par l'eau, le vent ou la glace.

**séisme** Ensemble des secousses de l'écorce terrestre constituant un tremblement de terre.

**stalactite** Longue et fine pièce de calcaire qui se forme à la voûte d'une grotte.

**stalagmite** Colonne de calcaire qui s'élève sur le sol d'une grotte.

**système solaire** Tout ce qui tourne en orbite autour du Soleil.

**thermique** Courant ascendant ou grosse bulle d'air chaud.

**tsunami** Vague géante ou raz-de-marée créé par un séisme sous-marin.

**Univers** Tout ce qui existe.

**vallée** Large dépression dans un terrain montagneux, en général avec un cours d'eau au fond.

**vapeur d'eau** Eau sous la forme de gaz invisible.

**vent** Déplacement d'air.

**volcan** Montagne, généralement conique, formée par les dépôts de lave après une éruption.

# Index

Les numéros de pages en italique font référence aux légendes des illustrations.
Les références principales sont en caractères gras.

# Z

# Sites Internet

Les sites Internet se multiplient et se transforment à une vitesse incroyable. Voici tout de même quelques sites pour commencer.

http://www.nasa.com
site de la NASA, agence spatiale américaine
http://www.esa.int
site de l'Agence spatiale européenne
http://www.arianespace.com
page d'accueil de la société Arianespace

http://www.nmsi.ac.uk
page d'accueil du Science Museum, Londres, Angleterre

http://www.sciences-et-avenir.com
site dela revue de vulgarisation scientifique *Sciences et Avenir*

http://amisdelaterre.org
site de l'organisation écologiste « les Amis de la Terre ».

http://quid.fr
site de l'encyclopédie *Quid* (de D. et M. Frémy, publiée chez Robert Laffont).